金　泰虎　著

新版 韓国理解への扉

読解（読む・書く）中心の基礎韓国語

白帝社

　本書は、基礎韓国語の文法を中心とする読解の「読む」・「書く」技能の学習に重点をおいた書物です。その内容は文法の解説、読解、作文練習の設定、そして分かち書きと辞書の引き方まで取り上げており、基礎的な韓国語の文章が読解できる工夫を施しています。

　日常生活の中では、韓国からの輸入品にみる包装紙の文字や紙ベースの説明に接することが多いです。この事情を鑑み、本書では会話の文体より韓国語の説明書・論文・新聞記事・エッセイなどの文体を学習します。手元に辞書さえあれば、一人で韓国語の文章が読解できることを目指します。

　本書の学習水準は、日本で受けられる韓国語の検定試験、つまり「韓国語能力試験（TOPIK）」２級、「ハングル能力検定試験」３級に対応できる内容の構成です。そして、文法事項は「ハングル正書法（한글 맞춤법）」（『教育部告示』第 88 － 1）、「標準語規定」（『教育部告示』第 88 － 2 号）、「国語のローマ字表記法（국어의 로마자 표기법）」（『文化観光部告示』第 2000 － 8）、「外来語表記法」（『文化部告示』第 1992 － 31 号）に基づいています。

　本書の内容についてもう少し説明を加えますと、各課には本文と日本語訳、そして文型に関連する単語や文法項目を取り上げています。各課の後ろにある練習問題では、文型を使った文法事項や日本語訳の練習を載せています。付録には韓国語学習に欠かせない文法事項のまとめと変則活用を掲載しており、韓国語のより早い習得と難度の高い水準まで学習ができるようにしています。

　一般的に言語の学習には、「読む」・「書く」（読解）、「話す」・「聞く」（会話）といった４技能は切り離して考えることはできません。その意味で本書の目指す読解に加え、「話す」・「聞く」（会話）の『新版 韓国理解への鍵』（白帝社）を併せて学習することをお勧めします。読解と会話の学習が連携してこそ、より早く韓国語学習の成果が表れます。そして『韓国語教育の理論と実際』（白帝社）も合わせて参照されたいと思います。なお、本書は大学の教材を想定していますが、大学以外の教育の場における学習用教材として活用できる構成になっています。

　本書の特徴としては、本文を通して韓国語の学習だけではなく、韓国文化を知るきっかけになると思います。自文化をより豊かなものにするためには、異文化を理解することが大事です。韓国語と韓国文化の理解を深め、自文化に関する再認識はもとより、他文化の理解を通じて世界観を広げてほしいと思います。

最後に、本書の出版にあたって、白帝社編集部の伊佐順子氏に大変お世話になりました。心より感謝申し上げます。

金　泰虎

目　次

音声ダウンロードサービスについて

■ このテキストの音声ファイル(MP3)を無料でダウンロードすることができます。
「白帝社 新版 韓国理解への扉」で検索、または以下のページにアクセスしてください。

https://www.hakuteisha.co.jp/news/n56256.html

● 本文中の 🔊 マークの箇所が音声ファイル(MP3)提供箇所です。PC やスマトフォン
などにダウンロードしてご利用ください。

＊デジタルオーディオプレーヤーやスマートフォンに転送して聞く場合は、各製品
　の取り扱い説明書やヘルプ機能によってください。

＊各機器と再生ソフトに関する技術的なご質問は、各メーカーにお願いいたします。

＊本書と音声は著作権法で保護されています。

新 版

韓国理解への扉

第 1 課 母音字（単純母音字・複合母音字）

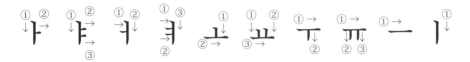

1 単純母音

ㅏ ㅑ ㅓ ㅕ ㅗ ㅛ ㅜ ㅠ ㅡ ㅣ

01

아	야	어	여	오	요	우	유	으	이
[a]	[ja]	[ɔ]	[jɔ]	[o]	[jo]	[u]	[ju]	[ɯ]	[i]

＊発音：ハングル文字は子音と母音を組み合わせてはじめて1文字として表記できる。
よって、母音を表記する場合は、初声（子音）を書くところに○［無音］を書く。

2 複合母音

ㅐ ㅒ ㅔ ㅖ ㅘ ㅙ ㅚ ㅝ ㅞ ㅟ ㅢ

02

애	얘	에	예	와	왜	외	워	웨	위	의
[ɛ]	[jɛ]	[e]	[je]	[wa]	[wɛ]	[we]	[wɔ]	[we]	[wi]	[ɯi]

＊発音：ハングル文字は子音と母音を組み合わせてはじめて1文字として表記できる。
よって、母音を表記する場合は、初声（子音）を書くところに○［無音］を書く。

≫ ハングルの制字原理

　ハングル文字では、母音は天・人・地を表し、子音は発音するときの発音器官（口や喉）の形を
かたどったと言われる。その構造は、母音字を核として子音字を組み合わせるものである。母音字は、
単純母音10個、複合母音11個の合わせて21個の基本字があり、一方、子音字は、基本の子音字14
個に濃音5個を合わせた19個からなっている。

≫ 学習ポイント１

● ハングル書き順の大原則

　1、上から下へ書いていく。

　2、左から右へ書いていく。

　3、「ㅇ」は、上から反時計回りに書いていく。

● 書くときの注意事項

　　ㅏ、ㅕ、아 など、曲がっている部分や突出しているような部分があるが、気にせずまっ
すぐな線、または丸を書くこと。

≫ 発音の仕方

아　[a]　：　日本語の「ア」のように発音する。

야　[ja]　：　日本語の「ヤ」のように発音する。

어　[ɔ]　：　口を丸めず、自然体で半分程度に開き、舌を口の中に浮かばせて喉から「オ」の発
　　　　　　音をする。

여　[jɔ]　：　口を丸めず、自然体で半分程度に開き、舌を口の中に浮かばせつつ、舌を前方に出
　　　　　　すようにして「ヨ」の発音をする。

오　[o]　：　唇を丸くして、日本語の「オ」のように発音する。

요　[jo]　：　日本語の「ヨ」のように発音する。

우　[u]　：　唇を突き出して、日本語の「ウ」のように発音する。

유　[ju]　：　唇を突き出して、日本語の「ユ」のように発音する。

으　[ɯ]　：　唇を平たく横に開く。上下の唇、歯はそれぞれ非常に接近した状態で、舌は口内の
　　　　　　低い位置に置いたまま、喉から発音する。つまり、「イ」の口の形で「ウ」の発音
　　　　　　をする。

이　[i]　：　日本語の「イ」を発音する。

● ハングル文字にひらがなやカタカナで振り仮名をふらないこと

　　ハングル文字の読み方を、ひらがなやカタカナで書かないように注意する。初修の段階では
韓国語の発音が難しく感じられ、ひらがなやカタカナで読み方を書きたくなりがちである。し
かし、そうすると韓国語の発音を正しく習得できない可能性があるので避けて欲しい。例えば、
韓国語の「어」、「오」をカタカナで表記すると「オ」に、「우」、「으」は「ウ」と表記するこ

とになるが、これでは異なった２つの音を同じ音として覚えてしまうからである。

例 오［o］、어［ɔ］→［オ］

우［u］、으［ɯ］→［ウ］

》》学習ポイント２

単純母音は、以下の順番で覚えれば覚えやすい。

縦線（ㅣ）に右１本（ㅏ）→右２本（ㅑ）

縦線に左１本（ㅓ）→左２本（ㅕ）

横線（ㅡ）に上１本（ㅗ）→上２本（ㅛ）

横線に下１本（ㅜ）→下２本（ㅠ）

横線のみ（ㅡ）、縦線のみ（ㅣ）

※書き順は第１課本文に従うこと。

》》複合母音の組み合わせの原理

ㅐ → ㅏ ＋ ㅣ

ㅒ → ㅑ ＋ ㅣ

ㅔ → ㅓ ＋ ㅣ

ㅖ → ㅕ ＋ ㅣ

ㅘ → ㅗ ＋ ㅏ

ㅙ → ㅗ ＋ ㅏ ＋ ㅣ

ㅚ → ㅗ ＋ ㅣ

ㅝ → ㅜ ＋ ㅓ

ㅞ → ㅜ ＋ ㅓ ＋ ㅣ

ㅟ → ㅜ ＋ ㅣ

ㅢ → ㅡ ＋ ㅣ

》》発音の仕方

애［ɛ］ ： 日本語の「エ」とほぼ同じ発音であるが、口はㅔ［e］より少し大きく開けて、舌
の中間部分から音を出す。

얘［jɛ］ ： ［ɛ］に［j］の音を加えて発音するが、口を縦に大きめに開いて発音する。

에［e］ ： 日本語の「エ」とほぼ同じ発音であるが、口はㅐ［ɛ］よりやや小さめに開けて、
舌の前の部分から音を出す。

예［je］ ： ［e］に［j］の音を加えて発音する。

와［wa］ ： 日本語の「ワ」のように発音する。

왜［wɛ］ ： 口を突き出し気味に「ウェ」と発音する。애［ɛ］と同じ様に、舌の中間部分から
音を出す。

외 ［we］：口を緊張させずに「ウェ」と発音する。에［e］と同じ様に、舌の前の部分から音を出す。

워 ［wɔ］：口を突き出し気味に「ウォ」と発音する。어 ［ɔ］と同じ様に、力を入れずに口を半分くらい開いた状態で、言い終わるようにする。

웨 ［we］：口は왜 ［we］よりやや小さめに開けて「ウェ」と発音する。

위 ［wi］：口を突き出し気味に「ウィ」と発音する。

의 ［ɰi］：으［ɯ］に이 ［i］を加えた感じで発音する。

練習問題

1 単純母音を発音しながら、10回書きなさい。

아 [a]	야 [ja]	어 [ɔ]	여 [jɔ]	오 [o]	요 [jo]	우 [u]	유 [ju]	으 [ɯ]	이 [i]
아	야	어	여	오	요	우	유	으	이

2 次の単語を読みながら書きなさい。

（1）아우（弟、妹）［a u］

_____　　_____　　_____

（2）여유（余裕）[jɔ ju]

_____ _____ _____

（3）유아（乳児）[ju a]

_____ _____ _____

（4）이유（理由）[i ju]

_____ _____ _____

3 複合母音を発音しながら、10 回書きなさい。

애 [ɛ]	얘 [jɛ]	에 [e]	예 [je]	와 [wa]	왜 [wɛ]	외 [we]	워 [wɔ]	웨 [we]	위 [wi]	의 [ɰi]
애	얘	에	예	와	왜	외	워	웨	위	의

4 次の単語を読みながら書きなさい。

（1）아예（全く）[a je]

_____ _____ _____

（2）외야 （外野）［we ja］

_____

（3）우위 （優位）［u wi］

_____

（4）의외 （意外）［ui we］

_____

ソウルの区地図

子音

ㄱ ㄴ ㄷ ㄹ ㅁ ㅂ ㅅ ㅇ ㅈ ㅊ ㅋ ㅌ ㅍ ㅎ

・書き順

・発音

ㄱ ㄴ ㄷ ㄹ ㅁ ㅂ ㅅ ㅇ ㅈ ㅊ ㅋ ㅌ ㅍ ㅎ

[g]　[n]　[d]　[r,l]　[m]　[b]　[s]　[無音,ŋ]　[dʒ]　[tʃ]　[k]　[t]　[p]　[h]

但し、バッチムの時

　　　[k]*　　　　[t]*　　　　　　　[p]*

＊後述するが、連音化によって語頭に移動する場合は [g]、[d]、[b] と発音する。

＊ㄹ発音（表記）は、語頭にきた場合には [r]、それ以外は [l] とする。

★濃音： ㄲ ['k]　　ㄸ ['t]　　ㅃ ['p]　　ㅆ ['s]　　ㅉ ['tʃ]

濃音は、基本子音字（14 個）には入っていないが、子音の仲間である。平音のㄱ、ㄷ、ㅂ、
ㅅ、ㅈを二つ並べて、ㄲ、ㄸ、ㅃ、ㅆ、ㅉと記す。

・子音の分類

平音	ㄱ	ㄷ	ㅂ	ㅅ	ㅈ
鼻音	ㄴ	ㅁ	ㅇ		
流音	ㄹ				
激音	ㅋ	ㅌ	ㅍ	ㅊ	ㅎ
濃音	ㄲ	ㄸ	ㅃ	ㅆ	ㅉ

※本書（上記）における子音の発音記号の提案理由

　下に記した従来の韓国語子音の発音記号は理論的には正しいと考える。しかし、日本語話者である学習者がこの理論に基づいて発音をすると、現地音と乖離が生じやすい。特に、平音・激音・濃音の区別がつきにくく、すべて同じような発音をしてしまう傾向がある。そこで、この問題を解決し、滑らかな韓国語の発音を目指す「実際」の発音記号として、上記の発音記号を提案している。詳しくは、後述の平音・激音・濃音の説明、「日本における韓国語学習用テキストの発音記号と学習者」（『韓国語教育の理論と実際』白帝社）を参照されたい。

〈従来〉　ㄱ　　ㄴ　　ㄷ　　ㄹ　　ㅁ　　ㅂ　　ㅅ　　ㅇ　　ㅈ　　ㅊ　　ㅋ　　ㅌ　　ㅍ　　ㅎ

[k/g]　[n]　[t/d]　[r/l]　[m]　[p/b]　[s]　[無音/ŋ]　[tʃ/dʒ]　[tʃʰ]　[kʰ]　[tʰ]　[pʰ]　[h]

▶▶ ハングルの構造

　ハングル文字は、子音と母音の組み合わせではじめて１文字として表記できる。

　以下の４つがハングル文字における構造パターンである。

A　子音（初声）＋母音（中声）

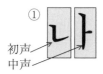
① 初声　中声

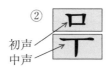
② 初声　中声

B　子音（初声）＋母音（中声）＋子音（終声）

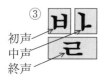
③ 初声　中声　終声

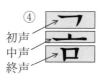
④ 初声　中声　終声

▶▶ 書き方の注意点

● ㄱとㅋ

① 母音の上、または下に書く場合は、ほぼ直角に書く

　例　곰（熊）、코（鼻）、학（鶴）、서녘（西側）

② 母音の横に書く場合は、斜めに書く

　例　감（柿）、커요（大きいです）

● ㅈ、ㅊ、ㅎの書き方

　ㅈ→ㅈ 、ㅊ→ㅊ、ㅎ→ㅎ と書くこともある。

03

● 母音ト [a] をつけて子音を覚える

　　子音字に母音字「ト」を組み合わせて発音し、子音字の音感を習得してから母音字の「ト」
を除けば良い。

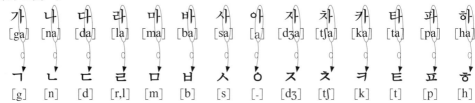

》》 発音のポイント

●「ㅢ」及び「의」の発音

① 語頭の「의」は、[ㅢ / ɰi] で発音

　　例　의미（意味）[의미 / ɰi mi]

② 語頭以外の「의」は、[ㅢ / ɰi] または [ㅣ / i] で発音

　　例　회의（会議）[회의 / hwe ɰi]、[회의 / hwe i]

③ 初声に子音がくる「ㅢ」の場合は、[ㅣ / i] で発音

　　例　희수（喜寿）[희수 / hi su]、무희（舞姫）[무희 / mu hi]

④ 助詞の「의」は、[ㅢ / ɰi] または [ㅔ / e] で発音

　　例　나라의（国の）[나라의 / na la ɰi]、[나라에 / na la e]

● 用言の活用に見られる「저」、「쩌」、「처」はそれぞれ [저]、[쩌]、[처] と発音する。

　　例　가져（持って）[가저 /ga dʒɔ]

　　　　쩌（蒸して）[쩌 / ˀtʃɔ]

　　　　부쳐（送って）[부처 / bu tʃɔ]

●「예」、「례」以外の「ㅖ」は [ㅔ] とも発音する。

　　例　계기（契機）[계기 /gje gi]、[게기 / ge gi]

　　　　계시다（いらっしゃる）[계시다 / gje si da]、[게시다 / ge si da]

　　　　세계（世界）[세계 / se gje]、[세게 / se ge]

　　　　사계（四季）[사계 / sa gje]、[사게 / sa ge]

　　　　지폐（紙幣）[지폐 / dʒi pje]、[지페 / dʒi pe]

　　　　지혜（知恵）[지혜 / dʒi hje]、[지혜 / dʒi he]

●「−어」、「−오」は、原則として［−어 / ɔ］、［−오 / o］と発音されるが、

［−여 / jɔ］、［−요 / jo］と発音することもある。

例 되어（なって）［되어 / dwe ɔ］、［되여 : dwe jɔ］

피어（咲いて）［피어 / pi ɔ］、［피여 / pi jɔ］

이오（−だよ）［이오 / i o］、［이요 / i jo］

아니오（いいえ）［아니오 / a ni o］、［아니요 / a ni jo］

練習問題

1 発音しながら文字を書き入れなさい。

● 単純母音と子音の組み合わせ

	ㅏ	ㅑ	ㅓ	ㅕ	ㅗ	ㅛ	ㅜ	ㅠ	ㅡ	ㅣ
ㄱ										
ㄴ										
ㄷ										
ㄹ										
ㅁ										
ㅂ										
ㅅ										
ㅇ										
ㅈ										

2 次の単語を発音しながら書きなさい（子音と単純母音の組み合わせ）。

（1）거리（距離）［gɔ li］

_____　_____　_____

(2) 나이 (歳) [na i]

＿＿＿＿＿＿＿＿＿＿　　＿＿＿＿＿＿＿＿＿＿　　＿＿＿＿＿＿＿＿＿＿

(3) 두부 (豆腐) [du bu]

＿＿＿＿＿＿＿＿＿＿　　＿＿＿＿＿＿＿＿＿＿　　＿＿＿＿＿＿＿＿＿＿

(4) 모기 (蚊) [mo gi]

＿＿＿＿＿＿＿＿＿＿　　＿＿＿＿＿＿＿＿＿＿　　＿＿＿＿＿＿＿＿＿＿

(5) 바다 (海) [ba da]

＿＿＿＿＿＿＿＿＿＿　　＿＿＿＿＿＿＿＿＿＿　　＿＿＿＿＿＿＿＿＿＿

(6) 부모 (父母) [bu mo]

＿＿＿＿＿＿＿＿＿＿　　＿＿＿＿＿＿＿＿＿＿　　＿＿＿＿＿＿＿＿＿＿

(7) 서류 (書類) [sɔ lju]

＿＿＿＿＿＿＿＿＿＿　　＿＿＿＿＿＿＿＿＿＿　　＿＿＿＿＿＿＿＿＿＿

(8) 지도 (地図) [dʒi do]

＿＿＿＿＿＿＿＿＿＿　　＿＿＿＿＿＿＿＿＿＿　　＿＿＿＿＿＿＿＿＿＿

3 発音しながら文字を書き入れなさい。

● 複合母音と子音の組み合わせ

	ㅐ	ㅒ	ㅔ	ㅖ	ㅘ	ㅙ	ㅚ	ㅝ	ㅞ	ㅟ	ㅢ
ㄱ											
ㄴ											
ㄷ											
ㄹ											
ㅁ											
ㅂ											
ㅅ											
ㅇ											
ㅈ											

4 次の単語を発音しながら書きなさい（子音と複合母音の組み合わせ）。

（1）과거（過去）[gwa gɔ]

_____　　_____　　_____

（2）노래（歌）[no lɛ]

_____　　_____　　_____

（3）대리（代理）[dɛ li]

_____　　_____　　_____

（4）모레（明後日）[mo le]

_____　　_____　　_____

（5）배구（バレーボール）[bɛ gu]

_____　　_____　　_____

（6）세계（世界）[se ge]

_____　　_____　　_____

（7）예기（話）[je gi]

_____　　_____　　_____

（8）재미（面白さ）[dʒɛ mi]

_____　　_____　　_____

사립문（サリプ門）

細い木や木の枝で編んだ門であり、漢字では柴門・柴扉と記す。

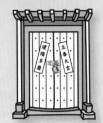

第 3 課 平音・激音・濃音字

＊平音・激音・濃音の対比

平音	ㄱ [g]	ㄷ [d]	ㅂ [b]	ㅅ [s]	ㅈ [dʒ]		
激音	ㅋ [k]	ㅌ [t]	ㅍ [p]		ㅊ [tʃ]	ㅎ [h]
濃音	ㄲ ['k]	ㄸ ['t]	ㅃ ['p]	ㅆ ['s]	ㅉ ['tʃ]	

>> 学習ポイント

● 平音・激音・濃音と母音「ㅏ」を組み合わせて発音

平音	가 [ga]	다 [da]	바 [ba]	사 [sa]	자 [dʒa]		
激音	카 [ka]	타 [ta]	파 [pa]		차 [tʃa]	하 [ha]
濃音	까 ['ka]	따 ['ta]	빠 ['pa]	싸 ['sa]	짜 ['tʃa]	

04 🔊 ● 平音（平音＋ㅏ）

가　다　바　사　자

① 平音はアクセントをつけずに平坦に発音する。

②「ㅅ」を除く「ㄱ、ㄷ、ㅂ、ㅈ」の平音は語頭と語中の区別をほとんどせずに発音する。

③ 日本語の濁音を「さり気なく」（弱めに）発音する。

05 🔊 ● 激音（激音＋ㅏ）

차　카　타　파　하

① 激音にはアクセントを入れて発音する。

② 息を吐き出し、つばが飛び出るような感じで発音する。

06 🔊 ● 濃音（濃音＋ㅏ）

까　따　빠　싸　짜

みっか　やった　はっぱ　てっさ　めっちゃ

① 濃音にはアクセントを入れて発音する。

② 語頭に日本語の促音「っ」があるかのように発音する。

③ 息は出さないように発音する。

④ つばが飛び出ないように発音する。

※ 韓国語の平音は、日本語の清音と濁音の間くらいの発音であるが、語頭では清音、語中では濁音に近いと言えよう。とは言え、清音と濁音のいずれかに基づいて発音すると正確ではない印象を受ける。平音の発音を語頭か語中かによって区別する、つまり「語頭は清音、語中は濁音にして発音する」という学習方法をとると発音が上手く習得できず、また平音と激音の区別がつきにくくなるのである。そこで、**語頭、語中の区別をせず、「語頭と語中のいずれも"さりげなく濁音"のような発音をする」**という学習方法にすれば、より平音に近い発音ができる。従来通りの子音の発音記号や、平音を語頭と語中で区別する方法では、書き取りの際、例えば가수（歌手）を「카수」、다리（橋、足）を「타리」、비（雨）を「피」、저（私）を「처」、잡채（韓国はるさめ）を「참채」と書いたりする学習者が多い。しかし、この新提案に従って学習した学習者は、そのような書き間違いはほとんどせず、平音・激音・濃音の区別も正確にできるようになっている。

홍살문（ホンサル門）

宮殿・官衙・書院・郷校・王陵の前に建てる門
門の前には「下馬碑」を立てており、身分の高い人も歩いて通る。神聖な空間を示す象徴性をもつ。

〈単純母音と子音の組み合わせ〉

	ㅏ [a]	ㅑ [ja]	ㅓ [ɔ]	ㅕ [jɔ]	ㅗ [o]	ㅛ [jo]	ㅜ [u]	ㅠ [ju]	ㅡ [ɯ]	ㅣ [i]
ㄱ [g]	가 [ga]	갸 [gja]	거 [gɔ]	겨 [gjɔ]	고 [go]	교 [gjo]	구 [gu]	규 [gju]	그 [gɯ]	기 [gi]
ㄴ [n]	나 [na]	냐 [nja]	너 [nɔ]	녀 [njɔ]	노 [no]	뇨 [njo]	누 [nu]	뉴 [nju]	느 [nɯ]	니 [ni]
ㄷ [d]	다 [da]	댜 [dja]	더 [dɔ]	뎌 [djɔ]	도 [do]	됴 [djo]	두 [du]	듀 [dju]	드 [dɯ]	디 [di]
ㄹ [r]	라 [ra]	랴 [rja]	러 [rɔ]	려 [rjɔ]	로 [ro]	료 [rjo]	루 [ru]	류 [rju]	르 [rɯ]	리 [ri]
ㅁ [m]	마 [ma]	먀 [mja]	머 [mɔ]	며 [mjɔ]	모 [mo]	묘 [mjo]	무 [mu]	뮤 [mju]	므 [mɯ]	미 [mi]
ㅂ [b]	바 [ba]	뱌 [bja]	버 [bɔ]	벼 [bjɔ]	보 [bo]	뵤 [bjo]	부 [bu]	뷰 [bju]	브 [bɯ]	비 [bi]
ㅅ [s]	사 [sa]	샤 [sja]	서 [sɔ]	셔 [sjɔ]	소 [so]	쇼 [sjo]	수 [su]	슈 [sju]	스 [sɯ]	시 [si]
ㅇ [無音]	아 [a]	야 [ja]	어 [ɔ]	여 [jɔ]	오 [o]	요 [jo]	우 [u]	유 [ju]	으 [ɯ]	이 [i]
ㅈ [dʒ]	자 [dʒa]	쟈 [dʒja]	저 [dʒɔ]	져 [dʒjɔ]	조 [dʒo]	죠 [dʒjo]	주 [dʒu]	쥬 [dʒju]	즈 [dʒɯ]	지 [dʒi]
ㅊ [tʃ]	차 [tʃa]	챠 [tʃja]	처 [tʃɔ]	쳐 [tʃjɔ]	초 [tʃo]	쵸 [tʃjo]	추 [tʃu]	츄 [tʃju]	츠 [tʃɯ]	치 [tʃi]
ㅋ [k]	카 [ka]	캬 [kja]	커 [kɔ]	켜 [kjɔ]	코 [ko]	쿄 [kjo]	쿠 [ku]	큐 [kju]	크 [kɯ]	키 [ki]
ㅌ [t]	타 [ta]	탸 [tja]	터 [tɔ]	텨 [tjɔ]	토 [to]	툐 [tjo]	투 [tu]	튜 [tju]	트 [tɯ]	티 [ti]
ㅍ [p]	파 [pa]	퍄 [pja]	퍼 [pɔ]	펴 [pjɔ]	포 [po]	표 [pjo]	푸 [pu]	퓨 [pju]	프 [pɯ]	피 [pi]
ㅎ [h]	하 [ha]	햐 [hja]	허 [hɔ]	혀 [hjɔ]	호 [ho]	효 [hjo]	후 [hu]	휴 [hju]	흐 [hɯ]	히 [hi]
ㄲ ['k]	까 ['ka]	꺄 ['kja]	꺼 ['kɔ]	껴 ['kjɔ]	꼬 ['ko]	꾜 ['kjo]	꾸 ['ku]	뀨 ['kju]	끄 ['kɯ]	끼 ['ki]
ㄸ ['t]	따 ['ta]	땨 ['tja]	떠 ['tɔ]	뗘 ['tjɔ]	또 ['to]	뚀 ['tjo]	뚜 ['tu]	뜌 ['tju]	뜨 ['tɯ]	띠 ['ti]
ㅃ ['p]	빠 ['pa]	뺘 ['pja]	뻐 ['pɔ]	뼈 ['pjɔ]	뽀 ['po]	뾰 ['pjo]	뿌 ['pu]	쀼 ['pju]	쁘 ['pɯ]	삐 ['pi]
ㅆ ['s]	싸 ['sa]	쌰 ['sja]	써 ['sɔ]	쎠 ['sjɔ]	쏘 ['so]	쑈 ['sjo]	쑤 ['su]	쓔 ['sju]	쓰 ['sɯ]	씨 ['si]
ㅉ ['tʃ]	짜 ['tʃa]	쨔 ['tʃja]	쩌 ['tʃɔ]	쪄 ['tʃjɔ]	쪼 ['tʃo]	쬬 ['tʃjo]	쭈 ['tʃu]	쮸 ['tʃju]	쯔 ['tʃɯ]	찌 ['tʃi]

〈複合母音と子音の組み合わせ〉

	ㅐ[ɛ]	ㅒ[jɛ]	ㅔ[e]	ㅖ[je]	ㅘ[wa]	ㅙ[wɛ]	ㅚ[we]	ㅝ[wɔ]	ㅞ[we]	ㅟ[wi]	ㅢ[ɯi]
ㄱ [g]	개 [gɛ]	걔 [gjɛ]	게 [ge]	계 [gje]	과 [gwa]	괘 [gwɛ]	괴 [gwe]	궈 [gwɔ]	궤 [gwe]	귀 [gwi]	긔 [gɯi]
ㄴ [n]	내 [nɛ]	냬 [njɛ]	네 [ne]	녜 [nje]	놔 [nwa]	놰 [gwɛ]	뇌 [gwe]	눠 [nwɔ]	눼 [nwe]	뉘 [nwi]	늬 [nɯi]
ㄷ [d]	대 [dɛ]	댸 [djɛ]	데 [de]	뎨 [dje]	돠 [dwa]	돼 [dwɛ]	되 [dwe]	둬 [dwɔ]	뒈 [dwe]	뒤 [dwi]	듸 [dɯi]
ㄹ [r]	래 [rɛ]	럐 [rjɛ]	레 [re]	례 [rje]	롸 [rwa]	뢔 [rwɛ]	뢰 [rwe]	뤄 [rwɔ]	뤠 [rwe]	뤼 [rwi]	릐 [rɯi]
ㅁ [m]	매 [mɛ]	먜 [mjɛ]	메 [me]	몌 [mje]	뫄 [mwa]	뫠 [mwɛ]	뫼 [mwe]	뭐 [mwɔ]	뭬 [mwe]	뮈 [mwi]	믜 [mɯi]
ㅂ [b]	배 [bɛ]	뱨 [bjɛ]	베 [be]	볘 [bje]	봐 [bwa]	봬 [bwɛ]	뵈 [bwe]	붜 [bwɔ]	붸 [bwe]	뷔 [bwi]	븨 [bɯi]
ㅅ [s]	새 [sɛ]	섀 [sjɛ]	세 [se]	셰 [sje]	솨 [swa]	쇄 [swɛ]	쇠 [swe]	숴 [sɔ]	쉐 [swe]	쉬 [swi]	싀 [sɯi]
ㅇ [無音]	애 [ɛ]	얘 [jɛ]	에 [e]	예 [je]	와 [wa]	왜 [wɛ]	외 [we]	워 [wɔ]	웨 [we]	위 [wi]	의 [ɯi]
ㅈ [dʒ]	재 [dʒɛ]	쟤 [dʒjɛ]	제 [dʒe]	졔 [dʒje]	좌 [dʒwa]	좨 [dʒwɛ]	죄 [dʒwe]	줘 [dʒwɔ]	줴 [dʒwe]	쥐 [dʒwi]	즤 [dʒi]
ㅊ [tʃ]	채 [tʃɛ]	챼 [tʃjɛ]	체 [tʃe]	쳬 [tʃje]	촤 [tʃwa]	쵀 [tʃwɛ]	최 [tʃwe]	춰 [tʃwɔ]	췌 [tʃwe]	취 [tʃwi]	츼 [tʃi]
ㅋ [k]	캐 [kɛ]	컈 [kjɛ]	케 [ke]	켸 [kje]	콰 [kwa]	쾌 [kwɛ]	쾨 [kwe]	쿼 [kwɔ]	퀘 [kwe]	퀴 [kwi]	킈 [ki]
ㅌ [t]	태 [tɛ]	턔 [tjɛ]	테 [te]	톄 [tje]	톼 [twa]	퇘 [twɛ]	퇴 [twe]	퉈 [twɔ]	퉤 [twe]	튀 [twi]	틔 [ti]
ㅍ [p]	패 [pɛ]	퍠 [pjɛ]	페 [pe]	폐 [pje]	퐈 [pwa]	퐤 [pwɛ]	푀 [pwe]	풔 [pwɔ]	풰 [pwe]	퓌 [pwi]	픠 [pi]
ㅎ [h]	해 [hɛ]	햬 [hjɛ]	헤 [he]	혜 [hje]	화 [hwa]	홰 [hwɛ]	회 [hwe]	훠 [hwɔ]	훼 [hwe]	휘 [hwi]	희 [hi]
ㄲ ['k]	깨 ['kɛ]	꺠 ['kjɛ]	께 ['ke]	꼐 ['kje]	꽈 ['kwa]	꽤 ['kwɛ]	꾀 ['kwe]	꿔 ['kwɔ]	꿰 ['kwe]	뀌 ['kwi]	끠 ['ki]
ㄸ ['t]	때 ['tɛ]	떄 ['tjɛ]	떼 ['te]	뗴 ['tje]	똬 ['twa]	뙈 ['twɛ]	뙤 ['twe]	뚸 ['twɔ]	뛔 ['twe]	뛰 ['twi]	띄 ['ti]
ㅃ ['p]	빼 ['pɛ]	뺴 ['pjɛ]	뻬 ['pe]	뼤 ['pje]	뽜 ['pwa]	뽸 ['pwɛ]	뾔 ['pwe]	뿨 ['pwɔ]	쀄 ['pwe]	쀠 ['pwi]	쁴 ['pi]
ㅆ ['s]	쌔 ['sɛ]	썌 ['sjɛ]	쎄 ['se]	쎼 ['sje]	쏴 ['swa]	쐐 ['swɛ]	쐬 ['swe]	쒀 ['swɔ]	쒜 ['swe]	쒸 ['swi]	씌 ['si]
ㅉ ['tʃ]	째 ['tʃɛ]	쨰 ['tʃjɛ]	쩨 ['tʃe]	쪠 ['tʃje]	쫘 ['tʃwa]	쫴 ['tʃwɛ]	쬐 ['tʃwe]	쭤 ['tʃwɔ]	쮀 ['tʃwe]	쮜 ['tʃwi]	쯰 ['tʃi]

※製字原理に基づいて作成した表であり、一般的な文字生活において使用されていない文字もある。

1 平音、激音、濃音の違いに注意しながら書きなさい。

① 개（犬）［gɛ］

_____　_____　_____

캐（掘れ）［kɛ］

_____　_____　_____

깨（ゴマ）［'kɛ］

_____　_____　_____

② 벼（稲）［bjɔ］

_____　_____　_____

펴（開け）［pjɔ］

_____　_____　_____

뼈（骨）［'pjɔ］

_____　_____　_____

③ 사（買え）［sa］

_____　_____　_____

싸（包め）［'sa］

_____　_____　_____

④ 자（物差し）［dʒa］

_____　_____　_____

차（茶、車）［tʃa］

_____　_____　_____

짜（塩辛い）［'tʃa］

_____　_____　_____

2 発音しながら文字を書き入れなさい。

● 単純母音と子音字（激音・濃音）の組み合わせ

	ㅏ	ㅑ	ㅓ	ㅕ	ㅗ	ㅛ	ㅜ	ㅠ	ㅡ	ㅣ
ㅊ										
ㅋ										
ㅌ										
ㅍ										
ㅎ										
ㄲ										
ㄸ										
ㅃ										
ㅆ										
ㅉ										

3 発音しながら文字を書き入れなさい。

● 複合母音と子音字（激音・濃音）の組み合わせ

	ㅐ	ㅒ	ㅔ	ㅖ	ㅘ	ㅙ	ㅚ	ㅝ	ㅞ	ㅟ	ㅢ
ㅊ											
ㅋ											
ㅌ											
ㅍ											
ㅎ											
ㄲ											
ㄸ											
ㅃ											
ㅆ											
ㅉ											

4 激音に注意しながら書きなさい。

(1) 고추 (唐辛子) [go tʃu]

_____ _____ _____

(2) 이해 (理解) [i hɛ]

_____ _____ _____

(3) 조카 (甥子) [dʒo ka]

_____ _____ _____

(4) 초대 (招待) [tʃo dɛ]

_____ _____ _____

(5) 취미 (趣味) [tʃi mi]

_____ _____ _____

(6) 태도 (態度) [tɛ do]

_____ _____ _____

(7) 파도 (波) [po do]

_____ _____ _____

(8) 호수 (湖) [pa do]

_____ _____ _____

5 濃音に注意しながら書きなさい。

(1) 가까이 (近く) [ga ʼka i]

_____ _____ _____

(2) 그저께 (一昨日) [gɯ dʒɔ ʼke]

_____ _____ _____

(3) 따로 (別々に) [ʼta lo]

_____ _____ _____

(4) 쓰기 (書くこと) [ʼsɯ gi]

_____ _____ _____

(5) 아가씨（お嬢さん）［a ga ʼsi］

_____ _____

(6) 아빠（パパ）［a ʼpa］

_____ _____

(7) 이때（この時）［i ʼtɛ］

_____ _____ _____

(8) 찌개（チゲ）［ʼtʃi gɛ］

_____ _____ _____

양반집 대문（両班家の大門）

第**4**課 7つの代表音・連音化

初声＋中声＋終声（バッチム）という組み合わせの文字において、終声（バッチム）には以下のように様々な種類があるが、これらの発音は最終的に［ㄱ、ㄴ、ㄷ、ㄹ、ㅁ、ㅂ、ㅇ］の7つの代表音に分類される。

● 文字の構造

終声（バッチム）	→代表音
ㄱ、ㅋ、ㄲ、ㄱㅅ、ㄹㄱ	→ ［ㄱ］
ㄴ、ㄴㅈ、ㄴㅎ	→ ［ㄴ］
ㄷ、ㅌ、ㅅ、ㅆ、ㅈ、ㅊ、ㅎ	→ ［ㄷ］
ㄹ、ㄹㅂ、ㄹㅅ、ㄹㅌ、ㄹㅎ	→ ［ㄹ］
ㅁ、ㄹㅁ	→ ［ㅁ］
ㅂ、ㅍ、ㅂㅅ、ㄹㅂ、ㄹㅍ	→ ［ㅂ］
ㅇ	→ ［ㅇ］

2 連音化

● 連音化が起こる条件

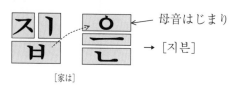

母音はじまり

→ ［지븐］

［家は］

● 連音化とは

終声（バッチム）が後続する音節の初声「ㅇ」（無音）の部分に立ち代わって入り、母音と結合して発音されることを意味する。発音規則における「－化」とは、前の文字やバッチムが後続の初声と結合、脱落するなどして表記とは異なる音に変化することを意味する。表記に一切変化はないという点に注意することが重要である。

＊『ハングル綴字法（한글 맞춤법）』では、「標準語を発音通り書くが、語法に合わせるのを原則とする（표준어를 소리대로 적되, 어법에 맞도록 함을 원칙으로 한다）」と定めている。つまり、表記においては、発音通りではなく綴字法の規則に基づいて書くのが原則である。例えば、「꽃（花）」は発音通りに書けば［꼳］となるが、実際の表記は「꽃」と記す。また、「있어요（あります）」は発音通りに書けば「이써요」となるが、実際の表記は「있어요」が正しい。

● 連音化の原則

〈終声（バッチム一つ）＋「ㅇ」〉

　　・大原則：終声（バッチム）を後続の初声「ㅇ」（無音）に移動させて発音

　　　　例外 ① バッチム「ㅇ」＋初声「ㅇ」→バッチム「ㅇ」＋初声「ㅇ」

　　　　例外 ② バッチム「ㅎ」＋初声「ㅇ」→バッチム「×」＋初声「ㅇ」

　　　　例外 ③ バッチム「ㄷ、ㅌ」＋母音「이」→バッチム「×」＋［지、치］：口蓋音化

〈終声（バッチム二つ）＋「ㅇ」〉

　　・大原則：二つの終声（バッチム）のうち、前のバッチムを残して、後ろのバッチムを後続する初声に移動させて発音

　　　　例外　バッチム「ㄲ、ㅆ」＋初声「ㅇ」→バッチム「×」＋初声「ㅆ」

〈参考〉

● ７つの代表音の発音

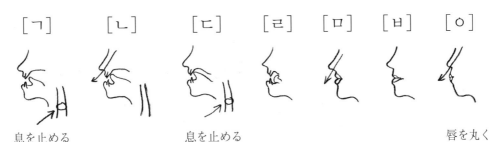

　　[ㄱ]　　　　[ㄴ]　　　　[ㄷ]　　　　[ㄹ]　　　[ㅁ]　　　[ㅂ]　　　[ㅇ]

息を止める　　　　　　　息を止める　　　　　　　　　　　　　　　　唇を丸く

・ 代表音 ［ㄱ］：口を少し開け、舌は口の中のどこにも当たらないように浮かばせて、喉を閉じて息を止める。

- 代表音［ㄴ］：口を少し開け、舌先を上前歯の裏にあてながら、鼻から音を出すようににする〈以下の「みんな」発音参照〉。
- 代表音［ㄷ］：口を少し開け、舌先を上前歯の裏にあてて、喉から出てくる息を止める。
- 代表音［ㄹ］：口を少し開け、舌先を軽く巻き上げて、口内の天井に当てて息を出す。
- 代表音［ㅁ］：唇を閉じて、喉からの息を鼻に出しながら鼻音にする（以下の「さんま」の発音参照）。
- 代表音［ㅂ］：息が口外に出ないよう、唇を閉じて止める。
- 代表音［ㅇ］：口を丸くして、舌は口の中に浮かばせ、喉からの息で鼻を振動させながら喉から息も出す（以下の「たんい」の発音参照）。

- **終声（バッチム）［ㄴ[n]］・［ㅁ[m]］・［ㅇ[ŋ]］の発音のコツ**

  ＊バッチム［ㄴ］は、「み<u>ん</u>な（みんな）」の「ん」のように発音する。

  ＊バッチム［ㅁ］は、「さ<u>ん</u>ま（秋刀魚）」の「ん」のように発音する。

  ＊バッチム［ㅇ］は、「た<u>ん</u>い（単位）」の「ん」のように発音する。

≫ 代表音の原則

① 「ㄲ、ㅋ」、「ㅅ、ㅆ、ㅈ、ㅊ、ㅌ」、「ㅍ」が、終声（バッチム）にきた場合、または後続する初声が子音の場合は、それぞれ代表音［ㄱ］、［ㄷ］、［ㅂ］として発音する。

> 例　섞다（混ぜる）：섞다→석다→［석따］＊濃音化参照
> 　　서녘（西方）：서녘→［서녁］
> 　　맛（味）：맛→［맏］
> 　　있다（ある、いる）：있다→잇다→읻다［읻따］＊濃音化参照
> 　　낮（昼）：낮→［낟］
> 　　및（及び）：및→［믿］
> 　　밑（下）：밑→［믿］
> 　　짚（ワラビ）：짚→［집］

② 二つの終声（バッチム）「ㄳ」、「ㄵ」、「ㄼ、ㄽ、ㄾ、ㅄ」は、単語の末音にきた場合、または後続する初声が子音の場合は、それぞれ代表音［ㄱ］、［ㄴ］、［ㄹ］、［ㅂ］として発音する。

> 例　넋（魂）：넋→［넉］
> 　　앉다（座る）：앉다→안＋다→［안따］＊濃音化参照
> 　　여덟（八）：여덟→［여덜］
> 　　외곬（一筋に）：외곬→［외골］
> 　　핥다（舐める）：핥다→할＋다→［할따］＊濃音化参照
> 　　값（値段）：값→［갑］

但し、「밟‐」は、後続に子音がくる時は［밥］と発音する。そして「넓‐」は次の場合は［넙］と発音する。

> 例　밟다（踏む）：밟다→밥다→［밥따］*濃音化参照
>
> 　　밟소（踏むよ）：밟소→밥소→［밥쏘］*濃音化参照
>
> 　　넓죽이（平たく）：넓죽이→넙죽이→［넙쭈기］*濃音化参照
>
> 　　넓둥글다（平たくて丸い）：넓둥글다→넙둥글다→［넙뚱글다］*濃音化参照

③ 終声（バッチム）「ᆰ」、「ᆱ」、「ᆵ」、そしてこれらに後続する初声が子音の場合は、それぞれ代表音［ㄱ］、［ㅁ］、［ㅂ］として発音する。

> 例　닭（鶏）：닭→［닥］
>
> 　　삶（営み）：삶→［삼］
>
> 　　읊다（詠ずる）：읊다→읍다→［읍따］*〈濃音化参照〉

但し、終声「ᆰ」は、後続する初声が「ㄱ」の場合、前の「ㄹ」を残し、後ろの終声「ㄱ」は後続の初声「ㄱ」と結合して濃音化を起こす。

> 例　맑게（清く）：맑게→말ㄱ+게→［말께］*〈濃音化参照〉
>
> 　　읽고（読んで）：읽고→일ㄱ+고→［일꼬］*〈濃音化参照〉

● 連音化と代表音

終声（バッチム）と後続する初声が結合する場合、つまり①終声が代表音に変わって後続する初声と結合、②終声の形のまま後続する初声と結合、そして③終声の代表音でも、終声のままでもない形で結合するケースがある。

> 例　① 밭위（畑の上）：밭위→［바뒤］
>
> 　　② 옆에（横に）：옆에→［여페］
>
> 　　③ 해돋이（日の出）：해돋이→［해도지］

〈連音化の具体例〉
● 終声（一つ）＋「ㅇ」の場合

大原則：終声（バッチム）を、後続の初声ㅇ［無音］の場所に移動させて発音する。

> 例　숙어（熟語）：숙어→［수거］

例外①：終声「ㅇ」＋初声「ㅇ」→終声［ㅇ］＋初声［ㅇ］となる。

> 例　종이（紙）：종이→［조이］（×）→［종이］（○）

例外②：終声「ㅎ」＋初声「ㅇ」：終声「ㅎ」は発音しない。

つまり、終声「ㅎ」＋初声「ㅇ」→終声［×］＋初声［ㅇ］となる。

> 例　좋아（好きだ）：좋아→［조하］（×）→［조아］（○）

例外③：口蓋音化〈終声（ㄷ、ㅌ）＋母音（이）〉

　　終声「ㄷ、ㅌ」が後続の初声に移動するが、発音がそれぞれ［ㅈ、ㅊ］に変わる。つまり、上の原則とは異なり、終声「ㄷ、ㅌ」が、後続の母音「이」と結合しても［디、티］ではなく、［지、치］と発音する。

　　終声「ㄷ、ㅌ」＋母音「이」→終声［×］＋［지、치］

　　[例]　굳이（強いて）：굳이→구디（×）→ ［구지］（○）

　　　　같이（一緒に）：같이→가티（×）→ ［가치］（○）

　　但し、〈終声「ㄷ」＋히（接尾辞：受身、使役）〉は［티］ではなく、［치］と発音する。

　　[例]　걷히다（晴れる）：걷히다→거티다（×）→ ［거치다］（○）

　　　　굳히다（固める）：굳히다→구티다（×）→ ［구치다］（○）

　　　　닫히다（閉まる）：닫히다→다티다（×）→ ［다치다］（○）

　　　　묻히다（埋もれる）：묻히다→무티다（×）→ ［무치다］（○）

例外④：終声に後続する初声が「아、어、오、우、위」で始まる名詞・動詞・形容詞・副詞の実質形態素が繋がる場合は、代表音に替えて後続の初声に移動させて発音する。

　　[例]　밭 아래（畑の下）：밭 아래→바다래→ ［바다래］

　　　　맛있다（美味しい）：맛있다→맏있다→ ［마딛따］ ＊濃音化を参照

　　　　값어치（値打ち）：값어치→갑어치→ ［가버치］

　　但し、「맛있다」（美味しい）は［마싣따］、「멋있다」（素敵だ）は［머싣따］とも発音することができる。

例外⑤：ハングルの子音の名称は、その終声「ㄷ、ㅅ、ㅈ、ㅊ、ㅋ、ㅌ、ㅍ、ㅎ」が連音化する時、例外的に次のように発音する。（子音の名称は後述を参照）

　　[例]　디귿이（ㄷが）：디귿이→ ［디그시］

　　　　지읒이（ㅈが）：지읒이→ ［지으시］

　　　　치읓이（ㅊが）：치읓이→ ［치으시］

　　　　키읔이（ㅋが）：키읔이→ ［키으기］

　　　　티읕이（ㅌが）：티읕이→ ［티으시］

　　　　피읖이（ㅍが）：피읖이→ ［피으비］

　　　　히읗이（ㅎが）：히읗이→ ［히으시］

　　　　디귿을（ㄷを）：디귿을→ ［디그슬］

　　　　지읒을（ㅈを）：지읒을→ ［지으슬］

　　　　치읓을（ㅊを）：치읓을→ ［치으슬］

　　　　키읔을（ㅋを）：키읔을→ ［키으글］

　　　　티읕을（ㅌを）：티읕을→ ［티으슬］

　　　　피읖을（ㅍを）：피읖을→ ［피으블］

히읗을 （ㅎを） : 히읗을→ ［히으슬］

디귿에 （ㄷに） : 디귿에→ ［디그세］

지읒에 （ㅈに） : 지읒에→ ［지으세］

치읓에 （ㅊに） : 치읓에→ ［치으세］

키읔에 （ㅋに） : 키읔에→ ［키으게］

티읕에 （ㅌに） : 티읕에→ ［티으세］

피읖에 （ㅍに） : 피읖에→ ［피으베］

히읗에 （ㅎに） : 히읗에→ ［히으세］

● 終声（二つ）＋「ㅇ」の場合

　大原則として、2つの終声（パッチム）のうち、前の終声を残して、後ろの終声を後続する初声に移動させて発音する。なお、移動した後も、引き続き終声（一つ）＋子音が、後述の種々の条件にあてはまる場合、発音規則が起こることもある。

　　例　넋이 （魂が） : 넋이→넉ㅅ＋이→넉시→ ［넉씨］ ＊濃音化参照

　　　　앉아서 （座って） : 앉아서→안ㅈ＋아서→ ［안자서］

　　　　많아서 （多くて） : 많아서→만ㅎ＋아서→만아서→ ［마나서］

　　　　닭이 （鶏が） : 닭이→달ㄱ＋이→ ［달기］

　　　　옮아요 （移ります） : 옮아요→올ㅁ＋아요→ ［올마요］

　　　　밟아요 （踏みます） : 밟아요→발ㅂ＋아요→ ［발바요］

　　　　핥아요 （舐めます） : 핥아요→할ㅌ＋아요→ ［할타요］

　　　　읊어요 （詠います） : 읊어요→을ㅍ＋어요→ ［을퍼요］

　　　　싫어요 （嫌いです） : 싫어요→실ㅎ＋어요→ ［시러요］

　　　　값이 （値は） : 값이→갑ㅅ＋이→갑시→ ［갑씨］ ＊濃音化参照

　但し、ㄲ、ㅆといった同じ子音が連なる終声は、2つ一緒に後ろの初声に移動させて発音する。

　　例　꺾어서 （折って） : 꺾어서→ ［꺼꺼서］

　　　　섰어요 （立ちました） : 섰어요→ ［서써요］

　　　　있어 （あるよ） : 있어→ ［이써］

練習問題

1　代表音を考えながら読みなさい。

（1） 代表音 ［ㄱ］

　　국 （汁）

（2） 代表音 ［ㄴ］

　　손 （手）

(3) 代表音 [ㄷ]

　　 맏 (長者を表す)

(4) 代表音 [ㄹ]

　　 글 (文字)

(5) 代表音 [ㅁ]

　　 밤 (栗)

(6) 代表音 [ㅂ]

　　 집 (家)

(7) 代表音 [ㅇ]

　　 상 (賞)

2 　発音規則に基づき、次の単語を読みながら書きなさい。

(1) 길이 (長さ) : 길이 → [기리]

_____　_____　_____

(2) 언어 (言語) : 언어→ [어너]

_____　_____　_____

(3) 몸이 (体が) : 몸이→ [모미]

_____　_____　_____

(4) 절이 (寺が) : 절이→ [저리]

_____　_____　_____

(5) 얇아서 (薄くて) : 얇아서→얄ㅂ + 아서→ [얄바서]

_____　_____　_____

(6) 읽어서 (読んで) : 읽어서→일ㄱ + 어서→ [일거서]

_____　_____　_____

3 　発音規則に基づき、次の単語を読みながら書きなさい。

(1) 낳아 (生んで) : 낳아→나하 (×) → [나아]

_____　_____　_____

(2) 넣어 (入れて) : 넣어→너허 (×) → [너어]

_____ _____

(3) 놓여 (置かれて) : 놓여→노혀 (×) → [노여]

_____ _____

(4) 닿아서 (着いて) : 닿아서→다하서 (×) → [다아서]

_____ _____

4 発音規則に基づき、次の単語を読みながら書きなさい。

(1) 강이 (川が)

_____ _____

(2) 송이 (−輪)

_____ _____

(3) 오징어 (イカ)

_____ _____

(4) 중요 (重要)

_____ _____

5 発音規則（口蓋音化）に基づき、次の単語を読みながら書きなさい。

(1) 끝이 (終わりが) : 끝이→끄티 (×) → [끄치]

_____ _____

(2) 맏이 (長者) : 맏이→마디 (×) → [마지]

_____ _____

(3) 밭이 (畑が) : 밭이→바티 (×) → [바치]

_____ _____

(4) 해돋이 (日の出) : 해돋이→해도디 (×) → [해도지]

_____ _____

第 **5** 課　濃音化・激音化・鼻音化・流音化

〈濃音化・激音化・鼻音化・流音化〉

・濃音化：終声＋初声「ㄱ、ㄷ、ㅂ、ㅅ、ㅈ」

　　　　　→終声＋初声［ㄲ、ㄸ、ㅃ、ㅆ、ㅉ］

・激音化：終声「ㅎ」＋初声「ㄱ、ㄷ、ㅂ、ㅈ」、もしくは

　　　　　終声「ㄱ、ㄷ、ㅂ、ㅈ」＋初声「ㅎ」

　　　　　→初声［ㅋ、ㅌ、ㅍ、ㅊ］

・鼻音化：終声「ㄱ、ㄷ、ㅂ」＋初声「ㄴ、ㅁ」→終声［ㅇ、ㄴ、ㅁ］＋初声「ㄴ、ㅁ」

　　　　　終声「ㅁ、ㅇ」＋初声「ㄹ」→終声「ㅁ、ㅇ」＋初声［ㄴ］

　　　　　終声「ㄱ、ㅂ」＋初声「ㄹ」→終声［ㅁ、ㅇ］＋初声［ㄴ］

・流音化：終声「ㄴ」＋初声「ㄹ」→終声［ㄹ］＋初声「ㄹ」

　　　　　終声「ㄹ」＋初声「ㄴ」→終声「ㄹ」＋初声［ㄹ］

※「濃音化・激音化・鼻音化・流音化」における「−化」とは、文字の形では濃音・激音・鼻音・
　流音ではないにもかかわらず、終声（バッチム）が後続する初声と結合、脱落するなどし
　て、発音する上で濃音・激音・鼻音・流音に変わる発音の変化を意味する。

● **濃音化・激音化・鼻音化・流音化**

・**終声（バッチム一つ）＋子音の場合**

　　終声（バッチム）と後続する初声の組み合わせが以下の条件に当てはまる場合、それぞれ
　にしたがって発音が表記とは異なる音になる。

・**終声（バッチム二つ）＋子音の場合**

　　終声（二つ）＋「ㅇ」の場合における大原則のように、2 つの終声のうち、前の終声は残
　して、後ろの終声を後続する初声に移動させて発音するが、この時、後ろの終声は後続の初
　声と結合させて発音する。

① **濃音化**

a. 終声（バッチム）「ㄱ（ㄲ、ㅋ、ㄳ、ㄺ）」、「ㄷ（ㅅ、ㅆ、ㅈ、ㅊ、ㅌ）、「ㅂ（ㅍ、ㄼ、ㄿ、ㅄ）」

に後続する初声の「ㄱ、ㄷ、ㅂ、ㅅ、ㅈ」と結合して、バッチムは代表音［ㄱ、ㄷ、ㅂ］になり、初声は［ㄲ、ㄸ、ㅃ、ㅆ、ㅉ］と発音される。

終声 ｛「ㄱ（ㄲ、ㅋ、ㄱㅅ、ㄹㄱ）」
　　　「ㄷ（ㅅ、ㅆ、ㅈ、ㅊ、ㅌ）」＋初声「ㄱ、ㄷ、ㅂ、ㅅ、ㅈ」
　　　「ㅂ（ㅍ、ㄹㅂ、ㄹㅍ、ㅂㅅ）」
→終声「ㄱ、ㄷ、ㅂ」＋初声「ㄲ、ㄸ、ㅃ、ㅆ、ㅉ」

例 맥주（ビール）：맥주→ ［맥쭈］

섞다（混ぜる）：섞다→석다→ ［석따］

서녁비（西の雨）：서녁비→서녁비→ ［서녁삐］

삯돈（報酬）：삯돈→삭돈→ ［삭똔］

닭고기（鶏肉）：닭고기→닥고기→ ［닥꼬기］

듣기（聞き取り）：듣기→ ［듣끼］

옷걸이（服掛け、ハンガー）：옷걸이→옫걸이→ ［옫꺼리］

옷보자기（服を包む風呂敷）：옷보자기→옫보자기→ ［옫뽀자기］

잇달다（相次ぐ）：잇달다→읻달다→ ［읻딸다］

있다（いる、ある）：있다→읻다→ ［읻따］

빗자루（ほうき）：빗자루→빋자루→ ［빋짜루］

꽂다（刺す）：꽂다→꼳다→ ［꼳따］

곶감（干し柿）：곶감→곧감→ ［곧깜］

몇개（何個）：몇개→멷개→ ［멷깨］

밑지다（損をする）：밑지다→믿지다→ ［믿찌다］

입구（入口）：입구→ ［입꾸］

입장（入場）：입장→ ［입짱］

법대（法大）：법대→ ［법때］

잡비（雑費）：잡비→ ［잡삐］

엽서（葉書）：엽서→ ［엽써］

답장（返事、返信）：답장→ ［답짱］

덮개（蓋）：덮개→덥개→ ［덥깨］

넓적이（平たい顔の人）：넓적이→넙저기→ ［넙쩌기］

읊조리다 (詠ずる)：읊조리다→읊조리다→윰조리다→ ［윰쪼리다］

값지다 (値打ちがある)：값지다→갑지다→ ［갑찌다］

b. 語幹の終声 (パッチム)「ㄴ (ㄵ)、ㅁ (ㄻ)」に後続する初声「ㄱ、ㄷ、ㅅ、ㅈ」は、初声の発音が ［ㄲ、ㄸ、ㅆ、ㅉ］ となる。

つまり、

> 終声「ㄴ (ㄵ)、ㅁ (ㄻ)」 + 初声「ㄱ、ㄷ、ㅅ、ㅈ」
>
> → 終声［ㄴ (ㄵ)、ㅁ (ㄻ)］ + 初声［ㄲ、ㄸ、ㅆ、ㅉ］

例 신다 (履く)：신다→ ［신따］

삼고 (見なして)：삼고→ ［삼꼬］

앉고 (座って)：앉고→안고→ ［안꼬］

닮다 (似る)：닮다→담다→ ［담따］

但し、受身・使役の接尾辞の「-기」は濃音発音をしない。

例 안기다 (抱かれる)：안기다→안끼다 (×) → ［안기다］ (○)

감기다 (絡まる)：감기다→감끼다 (×) → ［감기다］ (○)

옮기다 (移す)：옮기다→옴끼다 (×) → ［옴기다］ (○)

c. 語幹の終声 (パッチム)「ㄼ、ㄾ」に後続する初声「ㄱ、ㄷ、ㅅ、ㅈ」は、初声の発音が ［ㄲ、ㄸ、ㅆ、ㅉ］ となる。

つまり、

> 終声「ㄼ、ㄾ」 + 初声「ㄱ、ㄷ、ㅅ、ㅈ」
>
> → 終声［ㄹ］   + 初声［ㄲ、ㄸ、ㅆ、ㅉ］

例 넓게 (広く)：넓게→널ㅂ + 게→ ［널께］

떫지 (渋いよ)：떫지→떨ㅂ + 지→ ［떨찌］

핥다 (舐める)：핥다→할ㅌ + 다→ ［할따］

훑소 (隅々まで調べるよ)：훑소→훌ㅌ + 소→ ［훌쏘］

d. 漢字語の終声 (パッチム)「ㄹ」に続く初声「ㄷ、ㅅ、ㅈ」は、発音それぞれ ［ㄸ、ㅆ、ㅉ］ となる。

つまり、

> 漢字語の終声「ㄹ」＋ 初声「ㄷ、ㅅ、ㅈ」
>
> → 漢字語の終声 ［ㄹ］ ＋ 初声 ［ㄸ、ㅆ、ㅉ］

例 철도（鉄道）: 철도→ ［철또］

　　말수（口数）: 말수→ ［말쑤］

　　물자（物資）: 물자→ ［물짜］

e. 「間のㅅ（사이ㅅ）」の付く単語は次のように発音する。つまり、「間のㅅ（사이ㅅ）」に後続する初声の「ㄱ、ㄷ、ㅂ、ㅅ、ㅈ」は、濃音発音を原則とするが、「間のㅅ（사이ㅅ）」は ［ㄷ］で発音するのも認める。

例 촛불（ろうそくの火）: 촛불→ ［초뿔］、［촌뿔］

f. 表記の上では「間のㅅ（사이ㅅ）」はないが、本来であれば、語句をつなげる機能を持つ「間のㅅ」が入る（休止（Pause）が成立する）合成語の場合、後ろにくる単語の初声が「ㄱ、ㄷ、ㅂ、ㅅ、ㅈ」のいずれかであれば、それぞれ ［ㄲ、ㄸ、ㅃ、ㅆ、ㅉ］ と発音する。

例 다음주（来週）: 다음 + 주→ ［다음쭈］

　　이번달（今月）: 이번 + 달→ ［이번딸］

　　비빔밥（ビビンパ、混ぜご飯）: 비빔 + 밥→ ［비빔빱］

　　손수건（ハンカチ）: 손 + 수건→ ［손쑤건］

g. 未来連体形「－ㄹ/을」に後続する初声「ㄱ、ㄷ、ㅂ、ㅅ、ㅈ」は、［ㄲ、ㄸ、ㅃ、ㅆ、ㅉ］ と発音する。

つまり、

> 未来連体形「－ㄹ/을」＋ 初声「ㄱ、ㄷ、ㅂ、ㅅ、ㅈ」
>
> → 未来連体形 ［－ㄹ/을］ ＋ 初声 ［ㄲ、ㄸ、ㅃ、ㅆ、ㅉ］

例 할 것을（することを）: 할 것을→ ［할꺼슬］

　　갈 데가（行くところが）: 갈 데가→ ［갈떼가］

　　할 바를（することを）: 할 바를→ ［할빠를］

　　할 수는（することは）: 할 수는→ ［할쑤는］

　　할 적에（したときに）: 할 적에→ ［할쩌게］

＊ 連音化・濃音化・激音化・流音化・鼻音化は、原則的に「分かち書き」の範囲内で起こるが、

休止（Pause）を入れずに一息に読むときは、「分かち書き」の箇所に関係なく発音規則が起こることもある。

例 몇 학년입니까（何年生ですか）→ ［며탕녀님니까］

　　몇 시입니까（何時ですか）→ ［면씨임니까］

　　할 것이다（するだろう）→ ［할꺼시다］

② 激音化：

終声（パッチム）「ㅎ（ㄶ、ㅀ）」が、後続する初声の「ㄱ、ㄷ、ㅂ、ㅈ」と結合する時、初声を［ㅋ、ㅌ、ㅍ、ㅊ］で発音する。なお、終声「ㄱ（ㄺ）、ㄷ、ㅂ（ㄼ）、ㅈ（ㄵ）」が後続する初声の「ㅎ」と結合する場合も、初声を［ㅋ、ㅌ、ㅍ、ㅊ］で発音する。

> 終声「ㅎ（ㄶ、ㅀ）」 ＋ 初声「ㄱ、ㄷ、ㅂ、ㅈ」
> → 終声［なし］　　　　 ＋ 初声［ㅋ、ㅌ、ㅍ、ㅊ］

> 終声「ㄱ、ㄷ、ㅂ、ㅈ」 ＋ 初声「ㅎ」
> → 終声［なし］　　　　　 ＋ 初声［ㅋ、ㅌ、ㅍ、ㅊ］

例 놓다（置く）：놓다→ ［노타］

　　많고（多くて）：많고→만ㅎ＋고→［만코］

　　닳지（すり減るよ）：닳지→달ㅎ＋지→［달치］

　　먹히다（食われる）：먹히다→［머키다］

　　밝히다（明かす）：밝히다→발ㄱ＋히다→［발키다］

　　입후보（立候補）：입후보→［이푸보］

　　넓히다（広げる）：넓히다→널ㅂ＋히다→［널피다］

　　젖히다（そり返す）：젖히다→［저치다］

　　앉히다（座らせる）：앉히다→안ㅈ＋히다→［안치다］

③ 鼻音化

a. 終声（パッチム）「ㄱ（ㄲ、ㅋ、ㄳ、ㄺ）、ㄷ（ㅅ、ㅆ、ㅈ、ㅊ、ㅌ、ㅎ）、ㅂ（ㅍ、ㄼ、ㄿ、ㅄ）」が後続する初声「ㄴ、ㅁ」と結合する時、終声はそれぞれ［ㅇ、ㄴ、ㅁ］と発音される。初声の発音は「ㄴ、ㅁ」のままである。

つまり、

```
          「ㄱ (ㄲ、ㅋ、ㄳ、ㄺ)」                              [ㅇ]
終声「ㄷ (ㅅ、ㅆ、ㅈ、ㅊ、ㅌ、ㅎ)」＋初声「ㄴ、ㅁ」→ 終声[ㄴ] ＋初声 [ㄴ、ㅁ]
          「ㅂ (ㅍ、ㄼ、ㄿ、ㅄ)」                              [ㅁ]
```

例 작년 （昨年）：작년→ ［장년］

　　 백년 （百年）：백년→ ［뱅년］

　　 국내 （国内）：국내→ ［궁내］

　　 숙녀 （淑女）：숙녀→ ［숭녀］

　　 백만 （百万）：백만→ ［뱅만］

　　 작문 （作文）：작문→ ［장문］

　　 국물 （汁物）：국물→ ［궁물］

　　 죽마 （竹馬）：죽마→ ［중마］

　　 믿는다 （信じる）：믿는다→ ［민는다］

　　 입니다 （です）：입니다→ ［임니다］

　　 깎는 （削っている－）：깎는→각는→ ［깡는］

　　 부엌만 （台所だけ）：부엌만→부억만→ ［부엉만］

　　 몫몫이 （一人分ずつ）：몫몫이→목목시→ ［몽목씨］

　　 읽는 （読んでいる－）：읽는→익는→ ［잉는］

　　 짓는 （造っている－）：짓는→짇는→ ［진는］

　　 있는 （いる－）：있는→읻는→ ［인는］

　　 짖는 （ほえている－）：짖는→짇는→ ［진는］

　　 빛만 （光だけ）：빛만→빋만→ ［빈만］

　　 낱말 （単語）：낱말→낟말→ ［난말］

　　 놓는 （置いている－）：놓는→녿는→ ［논는］

　　 앞마당 （前庭）：앞마당→압마당→ ［암마당］

　　 밟는 （踏んでいる－）：밟는→밥는→ ［밤는］

　　 읊는 （唱えている－）：읊는→읍는→ ［음는］

　　 없는 （ない－）：없는→업는→ ［엄는］

　　 앞날 （将来）：앞날→압날→ ［암날］

　　 높낮이 （高低）：높낮이→놉낮이→ ［놈나지］

밥맛（食欲）: 밥맛→밥맏→［밤맏］

b. 終声（バッチム）「ㅁ、ㅇ」に後続する初声「ㄹ」の場合、終声「ㅁ、ㅇ」と結合して初声を［ㄴ］で発音する。

つまり、

> 終声「ㅁ、ㅇ」＋ 初声「ㄹ」
> → 終声［ㅁ、ㅇ］＋ 初声［ㄴ］

例　심리（心理）: 심리→［심니］

　　승리（勝利）: 승리→［승니］

　　침략（侵略）: 침략→［침냑］

　　음력（陰暦）: 음력→［음녁］

　　양력（陽暦）: 양력→［양녁］

　　장래（将来）: 장래→［장내］

　　정류장（停留場）: 정류장→［정뉴장］

c. 終声「ㄱ、ㅂ」が後続する初声「ㄹ」と結合すると、終声は［ㅇ、ㅁ］、さらに初声は［ㄴ］で発音する。

つまり、

> 終声「ㄱ、ㅂ」＋ 初声「ㄹ」
> → 終声［ㅁ、ㅇ］＋ 初声［ㄴ］

例　백리（百里）: 백리→［뱅니］

　　협력（協力）: 협력→［혐녁］

　　국립（国立）: 국립→［궁닙］

　　격려（激励）: 격려→［경녀］

　　독립（独立）: 독립→［동닙］

　　압력（圧力）: 압력→［암녁］

　　급료（給料）: 급료→［금뇨］

　　입력（入力）: 입력→［임녁］

d. 終声「間の人（사이ㅅ）」に初声「ㄴ、ㅁ」が後続する場合、終声の「間の人（사이ㅅ）」を ［ㄴ］で発音する。

つまり、

> 　　終声「間の人（사이ㅅ）」＋ 初声「ㄴ、ㅁ」
> → 終声［ㄴ］＋ 初声［ㄴ、ㅁ］

例　아랫니（下歯）：아랫니→아랟니→［아랜니］

e. 「間の人（사이ㅅ）」に後続する初声の「이」が結合する場合は、終声の「間の人（사이ㅅ）」を ［ㄴ］、さらに初声も ［ㄴ］で発音する。

つまり、

> 　　終声「間の人（사이ㅅ）」＋ 初声「이」
> → 終声［ㄴ］＋ 初声［ㄴ］

例　나뭇잎（木の葉っぱ）：나뭇잎→나문닙→［나문닙］

④ **流音化**

　　終声「ㄴ」が後続する初声「ㄹ」と結合すると、終声の発音は ［ㄹ］に変わり、初声はそのまま ［ㄹ］で発音する。反対に、終声「ㄹ」が後続する初声「ㄴ」と結合する場合、初声「ㄴ」は ［ㄹ］の発音になる。

つまり、

> 　　終声「ㄴ」＋ 初声「ㄹ」
> → 終声［ㄹ］＋ 初声［ㄹ］

> 　　終声「ㄹ」＋ 初声「ㄴ」
> → 終声［ㄹ］＋ 初声［ㄹ］

例　윤리（倫理）：윤리→［율리］
　　설날（元旦）：설날→［설랄］

なお、終声「ㄶ、ㄸ」の次の初声に「ㄴ」がくる時も上に準ずる。

例 닳는 （すり減っている－）：닳는→달는→ ［달른］

　　뚫는 （あけている－）：뚫는→뚤는→ ［뚤른］

　　핥네 （舐めるね）：핥네→할네→ ［할레］

　　但し、次の単語は初声「ㄹ」を ［ㄴ］ で発音する。

つまり、

> 　終声「ㄴ」 ＋ 初声「ㄹ」
> → 終声 ［ㄴ］ ＋ 初声 ［ㄴ］

例 의견란 （意見欄）：의견란→ ［의견난］

　　생산량 （生産量）：생산량→ ［생산냥］

　　구근류 （球根類）：구근류→ ［구근뉴］

　　동원령 （動員令）：동원령→ ［동원녕］

　　이원론 （二元論）：이원론→ ［이원논］

　　횡단로 （横断路）：횡단로→ ［횡단노］

　　판단력 （判断力）：판단력→ ［판단녁］

　　결단력 （決断力）：결단력→ ［결단녁］

　　음운론 （音韻論）：음운론→ ［음운논］

　　입원료 （入院料）：입원료→ ［입원뇨］

　　표현력 （表現力）：표현력→ ［표현녁］

⑤ 「ㄴ ［n］」添加

　　合成語や派生語の前の単語、あるいは接頭辞の末音が子音、それに後続する単語や接尾辞の初声が「이、야、여、요、유」の場合は、「ㄴ ［n］」音を加えて ［니、냐、녀、뇨、뉴］ で発音する。

つまり、

> 　合成語、派生語、接頭辞（子音） ＋ 初声「이、야、여、요、유」
> → 合成語、派生語、接頭辞（子音） ＋ 初声 ［니、냐、녀、뇨、뉴］

例 솜이불 （綿入れの布団）：솜이불→ ［솜니불］

　　한여름 （真夏）：한여름→ ［한녀름］

　　담요 （毛布）：담요→ ［담뇨］

　　식용유 （食用油）：식용유→ ［시꽁뉴］

但し、終声（バッチム）「ㄹ」に後続する初声の「이、야、여、요、유」は、「ㄴ [n]」音を加えて、さらに「ㄹ [l, r]」の [리、랴、려、료、류] で発音する。

つまり、

> 終声「ㄹ」 + 初声「이、야、여、요、유」
> → 終声「ㄹ」 + （ㄴ添加→ㄹ）
> → 終声 [ㄹ] + 初声 [리、랴、려、료、류]

例 볼일（用事）：볼일→볼닐→ [볼릴]

　 물약（水薬）：물약→물냑→ [물략]

　 서울역（ソウル駅）：서울역→서울녁→ [서울력]

　 휘발유（ガソリン）：휘발유→휘발뉴→ [휘발류]

　 솔잎（松の葉）：솔잎→솔닙 → [솔립]

⑥ **頭音法則**

　漢字語の語頭にくる「ㄴ [n]」は「ㅇ」、そして「ㄹ [r]」は「ㄴ [n]」と表記する。つまり、漢字語の、「녀、뇨、뉴、니」が語頭にくるときは、「여、요、유、이」と記す。そして漢字語の「랴、려、례、료、류、리」・「라、래、로、뢰、루、르」が語頭にくる時も「야、여、예、요、유、이」・「나、내、노、뇌、누、느」と記す。

つまり、

> 漢字語「녀、뇨、뉴、니」　　　→語頭にくると「여、요、유、이」
> 漢字語「랴、려、례、료、류、리」→語頭にくると「야、여、예、요、유、이」
> 漢字語「라、래、로、뢰、루、르」→語頭にくると「나、내、노、뇌、누、느」

例 女性→「녀성」（×）、「여성」（○）

　 楽園→「락원」（×）、「낙원」（○）

※但し、外来語や外国語のハングル表記には、頭音法則は当てはまらない。

例 리듬（リズム）

※また、一部の韓国の姓では、頭音法則を当てはめない場合もある。

例 柳（류、または유）

1 次の濃音化する単語を読みながら書きなさい。

(1) 박수 (拍手) : 박수 → [박쑤]

_____ _____

(2) 속도 (速度) : 속도→ [속또]

_____ _____

(3) 식사 (食事) : 식사→ [식싸]

_____ _____

(4) 악기 (楽器) : 악기→ [악끼]

_____ _____

(5) 입구 (入口) : 입구→ [입꾸]

_____ _____

(6) 접시 (皿) : 접시→ [접씨]

_____ _____

(7) 넓다 (広い) : 넓다→널ㅂ + 다→ [널따]

_____ _____

(8) 얇다 (薄い) : 얇다→얄ㅂ + 다→ [얄따]

_____ _____

2 次の激音化する単語を読みながら書きなさい。

(1) 백화점 (百貨店) : 백화점→ [배콰점]

_____ _____

(2) 노랗다 (黄色い) : 노랗다→ [노라타]

_____ _____

(3) 놓다 (置く) : 놓다→ [노타]

_____ _____

(4) 착하다 (善良だ) : 착하다→ [차카다]

_____ _____

(5) 앓다（－しない）: 앓다→안ㅎ＋다→［안타］

_____   _____   _____

(6) 옳다（正しい）: 옳다 →올ㅎ＋다→［올타］

_____   _____   _____

3 次の鼻音化する単語を読みながら書きなさい。

(1) 국립（国立）: 국립→［궁닙］

_____   _____   _____

(2) 능력（能力）: 능력→［능녁］

_____   _____   _____

(3) 식물（植物）: 식물→［싱물］

_____   _____   _____

(4) 정리（整理）: 정리→［정니］

_____   _____   _____

(5) 종류（種類）: 종류→［종뉴］

_____   _____   _____

(6) 학년（学年）: 학년→［항년］

_____   _____   _____

4 次の流音化する単語を読みながら書きなさい。

(1) 관리（管理）: 관리→［괄리］

_____   _____   _____

(2) 난로（暖炉）: 난로→［날로］

_____   _____   _____

(3) 실내（室内）: 실내→［실래］

_____   _____   _____

(4) 연락（連絡）: 연락→［열락］

_____   _____   _____

● 日本語仮名のハングル対照表

仮　名	ハングル	
	語　頭	語中・語末
ア イ ウ エ オ	아 이 우 에 오	아 이 우 에 오
カ キ ク ケ コ	가 기 구 게 고	카 키 쿠 케 코
サ シ ス セ ソ	사 시 스 세 소	사 시 스 세 소
タ チ ツ テ ト	다 지 쓰 데 도	타 치 쓰 테 토
ナ ニ ヌ ネ ノ	나 니 누 네 노	나 니 누 네 노
ハ ヒ フ ヘ ホ	하 히 후 헤 호	하 히 후 헤 호
マ ミ ム メ モ	마 미 무 메 모	마 미 무 메 모
ヤ イ ユ エ オ	야 이 유 에 오	야 이 유 에 오
ラ リ ル レ ロ	라 리 루 레 로	라 리 루 레 로
ワ (ヰ) ウ (ヱ) ヲ	와 (이) 우 (에) 오	와 (이) 우 (에) 오
ン		ㄴ
ガ ギ グ ゲ ゴ	가 기 구 게 고	가 기 구 게 고
ザ ジ ズ ゼ ゾ	자 지 즈 제 조	자 지 즈 제 조
ダ ヂ ヅ デ ド	다 지 즈 데 도	다 지 즈 데 도
バ ビ ブ ベ ボ	바 비 부 베 보	바 비 부 베 보
パ ピ プ ペ ポ	파 피 푸 페 포	파 피 푸 페 포
キャ キュ キョ	갸 규 교	캬 큐 쿄
ギャ ギュ ギョ	갸 규 교	갸 규 교
シャ シュ ショ	샤 슈 쇼	샤 슈 쇼
ジャ ジュ ジョ	자 주 조	자 주 조

チャ チュ チョ	자　주　조	차　추　초
ヒャ ヒュ ヒョ	햐　휴　효	햐　휴　효
ビャ ビュ ビョ	뱌　뷰　뵤	뱌　뷰　뵤
ピャ ピュ ピョ	퍄　퓨　표	퍄　퓨　표
ミャ ミュ ミョ	먀　뮤　묘	먀　뮤　묘
リャ リュ リョ	랴　류　료	랴　류　료

＊促音「ッ」は「ㅅ」で表記する。

※　日本語の母音「あ、い、う、え、お」は、基本的に「아、이、우、에、오」を使う。従って、「ふ」の場合、「흐 [hɯ]」ではなく「후 [hu]」、「そ」の場合、「서 [sɔ]」ではなく、「소 [so]」と書く。但し、「す」や「ず」、「つ」や「づ」は、母音「ㅜ [u]」ではなく、「ㅡ [ɯ]」を使って、それぞれ「스」や「즈」、「쓰」や「쯔」と書く。

● 辞書の引き方
　　1.　ペーパー辞書
　　2.　電子辞書

● 分かち書き
　　〈例文〉 일본어와　한국어는　유사한　점이　많아　일본인에게는　배우기　쉬운　언어다 .
　　　　　　　　　　　　　　　　　　　　　　　　　　　　　　（　は分かち書き空白）

≫ 学習のポイント

● 現行の「日本語仮名のハングル対照表」の問題点

　① 語頭と語中・語末の発音を差別化することによって、異なる語彙が同じ表記になることである。つまり、「きんかくじ」[긴카쿠지]と「ぎんかくじ」[긴카쿠지]は同じ表記になる。差別化せず、語中・語末の表記にすると、[킨카쿠지]（金閣寺）と[긴카쿠지]（銀閣寺）と表記できる。

　②「つ」を[쓰]に表記することによって、実際の日本語音と乖離が生じている。つまり、より日本語音に近い表記をするには[쯔]にしたほうが良い。例えば、「津軽」は[쓰가루]よりも[쯔가루]とする方がより日本語発音に近い。

　③ 長音表記をしないことによって、異なる単語が同じ表記になる。すなわち、「そうかい」[소카이]と「そかい」[소카이]が同じ表記になるが、長音表記をすれば[소우카이]（総会）

と［소카이］（疎開）のように正確な表記となる。

④「ん」は一律に「ㄴ」で表記すると定められている。しかし、「さ・ざ・た・だ・な・は・ら」
　段の前の「ん」は「ㄴ」、「ば・ぱ・ま」段の前の「ん」は「ㅁ」、「か・が・や・わ」段の
　前の「ん」は「ㅇ」と表記すれば、より日本語音に忠実に表記することができる。

● **辞書の引き方**

1. ペーパー辞書

　● 文字の種類

　　初声 + 中声

　　初声 + 中声 + 終声（バッチム）

　● 以下に基づいて説明する。まず［1］初声（子音）から入って、次は［2］中声（母音）を
　　探し当てる。「初声 + 中声」の文字は、ここで探し終わる。しかし、終声がある場合は、
　　中声に続き、［3］終声（子音）を探す。

● ペーパー辞書を引くコツ

　左上の柱（左上の単語）と右上の柱（右下の単語）を積極的に活用すること。つまり、その間に入る単語を連想して調べるのがコツである。

（左上の柱）　　　　　　　　　（右上の柱）

2. 電子辞書

※ 上の電子辞書のキーボードは、KS2 ボル方式によるハングルの入力である。一方、パソコン入力の場合が主であるが、KS3 ボル方式でハングルを入力する方法、またローマ字を入力してハングルに変換する方式もある。

● 子音字の名称

　ㄱ（기역）

　ㄴ（니은）

　ㄷ（디귿）

　ㄹ（리을）

　ㅁ（미음）

　ㅂ（비읍）

　ㅅ（시옷）［시옫］

　ㅇ（이응）

　ㅈ（지읒）［지읃］

　ㅊ（치읓）［치읃］

　ㅋ（키읔）［키윽］

　ㅌ（티읕）［티읃］

　ㅍ（피읖）［피읍］

　ㅎ（히읗）［히읃］

　ㄲ（쌍기역）

　ㄸ（쌍디귿）

　ㅃ（쌍비읍）

　ㅆ（쌍시옷）［쌍시옫］

　ㅉ（쌍지읒）［쌍지읃］

● 分かち書き

① 助詞は、その前の単語に付けて書いて分かち書きをする。

② 不完全名詞は分かち書きをする。

③ 単位を表す名詞は分かち書きをする。

④ 数詞を書くときは、万単位で分かち書きをする。

⑤ 補助用言は分かち書きするのを原則とする。

⑥ 2つの言葉を繋いだり並べる次の「등（等）」、「등등（等々）」、「겸（兼）」、「대（対）」、「및（及び）」、「내지（乃至）」は分かち書きを行う。

⑦ 名字と名前は付けて書き、呼称語や官職名は分かち書きをする。但し、名字と名前を区別する必要がある場合は、分かち書きをすることができる。

〈例文〉일본어와　한국어는　유사한　점이　많아　일본인에게는　배우기　쉬운　언어다．

（　は分かち書き：空白）

〈日本語訳〉日本語と韓国語は類似した点が多いので、日本人には学びやすい言語だ。

※日本語は、漢字、かなを併用した文章において、空白（スペース）＝分かち書きで語を区切ることはほとんどない。よって、日本語話者（日本語使用者）にとって韓国語の分かち書きは、学習初期段階では慣れないかもしれないが、基本的に日本語の文節とほぼ同じ分け方であると考えれば良い。

● 韓国の漢字語と数字

① 韓国では現在、ほとんどの表記をハングルでしているが、韓国語の中には漢字で書き表せる言葉がたくさんある。韓国語の漢字の読みは、ごく一部は2通りの読み方があるものの、ほとんどが漢字1文字に対し1つの読み方しかない。例えば、日本語では「解」という字は「理解（り<u>かい</u>）」と読んだり「解毒（<u>げ</u>どく）」と読んだりするが、韓国語では「解」は「해」としか読まないので、「理解（이<u>해</u>）」「解毒（<u>해</u>독）」となる。また、韓国語の漢字語は約7割が日本語の漢字語と共通しているため、韓国語の漢字音を覚えていけば、日本語の知識を元に、韓国語の語彙をたくさん増やすことができる。

② 韓国は「繁体字」、日本は日本独自の「簡体字」を使っている。例えば、「りゅう」に対して韓国では「龍」、一方、日本では「竜」と書く。

● 日本語と韓国語の類似性

<u>韓国</u> を <u>理解する</u> ため には、<u>韓国語</u> を <u>知る</u> こと が 優先課題だ。
<u>한국</u> 을 <u>이해하기</u> 위해 서는, <u>한국어</u> 를 <u>아는</u>　것 이 우선과제다.

　日本語のアンダーラインの漢字語、他の印をつけた助詞・動詞は、韓国語のそれぞれの部分と対応しており、日本語と韓国語は、文法の構造がほぼ同じなのである。

練習問題

1　次の日本語をハングルで書きなさい。

（1）九州（きゅうしゅう）

_____　_____　_____

（2）四国（しこく）

_____　_____　_____

（3）六本木（ろっぽんぎ）

_____　_____　_____

（4）難波（なんば）

_____　_____　_____

（5）金閣寺（きんかくじ）

_____　_____　_____

（6）東大寺（とうだいじ）

_____　_____　_____

2 次の日本語をハングルで書きなさい。

韓国語を勉強して韓国人の友達を作り、世界を広げてください。

_____

3 次の単語を辞書で調べて意味を書きなさい。

（1）계획　（　　　　　　　　）

（2）능력　（　　　　　　　　）

（3）복습　（　　　　　　　　）

（4）생활　（　　　　　　　　）

（5）영화　（　　　　　　　　）

（6）환영　（　　　　　　　　）

（7）끓다　（　　　　　　　　）

（8）옮기다　　（　　　　　　　　）

4 例の文章に基づき、韓国語と日本語の両方にチェックを入れて分かち書きを記しなさい。

（例）韓国語を　✓　学ぶ　✓　時間は✓楽しい。
　　 한국어를✓배우는✓시간은✓즐겁다.

　　 僕は学校で韓国語を学ぶ。
　　 나는학교에서한국어를배운다.

韓国全図

中華人民共和国

咸鏡北道

両江道

慈江道

咸鏡南道

平安北道

平安南道

朝鮮民主主義人民共和国

ロシア

江原道

黄海南道

黄海北道

ソウル

都城

仁川

京畿道

平昌 ── 月精寺

江原道

大韓民国

忠清北道

栄州 ── 浮石寺

慶尚北道

海印寺

法住寺

報恩

桐華寺

忠清南道

大田

陝川

大邱

金山寺

金堤

慶州 ── 仏国寺

全羅北道

蔚山

慶尚南道

梁山 ── 通度寺

光州

求礼

河東

華厳寺

全羅南道

順天

釜山 ── 梵魚寺

双磎寺

松広寺

対馬

日本

済州道

6

日本語のハングル表記・辞書の引き方・分かち書き

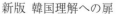

07

저것은 학교입니다.

그 앞은 운동장입니다.

옆 건물은 학교가 아닙니다.

유치원입니다.

>> **本文の日本語訳**

あれは学校です。

その前は運動場です。

横の建物は学校ではありません。

幼稚園です。

▶▶ 本文の発音

저것은 → ［저거슨］

학교입니다 → ［학꾜임니다］〈濃音化・鼻音化〉

앞은 → ［아픈］

운동장입니다 → ［운동장임니다］〈鼻音化〉

옆 → ［엽］

건물은 → ［건무른］

아닙니다 → ［아님니다］〈鼻音化〉

유치원입니다 → ［유치워님니다］、유치원 / 입니다 → ［유치원 / 임니다 ］〈鼻音化〉

※ / は、休止（Pause）を意味する。

▶▶ 指示詞

이	この	이것	これ	여기	ここ
그	その	그것	それ	거기	そこ
저	あの	저것	あれ	저기	あそこ
어느	どの	어느 것	どれ	어디	どこ

▶▶ 学校

유치원（幼稚園）、초등학교（小学校）、중학교（中学校）、고등학교（高等学校）、
대학（大学）、대학원（大学院）

▶▶ 位置・方向

앞（前）/ 정면（正面）、옆 / 곁（横）、뒤（後ろ）、위（上）、아래 / 밑（下）、
오른쪽 / 우측（右、右側）、왼쪽 / 좌측（左、左側）、사이 / 가운데 / 중간（間、真ん中、中間）、
양쪽 / 양측（両側）、밖 / 외（外）、안 / 내（内）/ 속（中）
가까이（近く）、멀리（遠く）、건너편 / 맞은편（向かい側）
동〈쪽〉（東〈側〉）、서〈쪽〉（西〈側〉）、남〈쪽〉（南〈側〉）、북〈쪽〉（北〈側〉）

▶▶ 助詞

母音（体言）＋ 는 / 子音（体言）＋ 은 ：−は

母音（体言）＋ 가 / 子音（体言）＋이 ：−が、−は、−では

≫ 丁寧語

　丁寧語は、大きく分けて「上称形」、「下称形」の 2 つに分かれ、さらに上称形は「最敬体」、「敬体」、そして下称形は「略体」、「ぞんざい体」と、全体で 4 つの文体に分かれる。

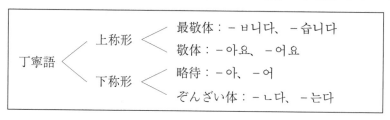

● 上称形

① 最敬体

- 母音語幹＋ㅂ니다
  - 例　하다（する）→합니다（します）
  - 　　크다（大きい）→큽니다（大きいです）

- 子音語幹＋습니다
  - 例　먹다（食べる）→먹습니다（食べます）
  - 　　작다（小さい）→작습니다（小さいです）

- ㄹ語幹＋ㅂ니다
  - 例　날다（飛ぶ）→납니다（飛びます）
  - 　　길다（長い）→깁니다（長いです）
  - （〈付録〉表 4、5「ㄹ変則」参照）

　＊疑問文は、「－ㅂ니다 / 습니다」を「－ㅂ니까？/ 습니까？」に直す。
  - 例　합니다（します）→ 합니까？（しますか）
  - 　　먹습니다（食べます）→먹습니까？（食べますか）

② 敬体

- 陽母音語幹（ㅏ、ㅗ）＋아요
  - 例　앉다（座る）→앉아요（座ります）
  - 　　좋다（いい）→좋아요（いいです）

- 陰母音語幹（ㅏ、ㅗ以外）＋어요
  - 例　입다（着る）→입어요（着ます）
  - 　　싫다（嫌だ）→싫어요（嫌です）

＊ 疑問文はクエスチョンマークをつけて「－아요?/ 어요 ?」とする。

> 例　좋아요（いいです）→ 좋아요?（いいですか）
>
> 　　싫어요（嫌です）→ 싫어요?（嫌ですか）

＊「動詞語幹＋아요 / 어요」は勧誘の意味になる場合もある。

> 例　먹다（食べる）→ 먹어요　1. 食べます　2. 食べましょう

＊ 形容詞の「－ㅂ다」（ㅂ変則）：ㅂ脱落語幹＋우＋어요（〈付録〉表 4,5「ㅂ変則」参照）

> 例　맵다（辛い）→ 매워요（辛いです）
>
> 〈単語例〉　아름답다（美しい）、싱겁다（水っぽい）、밉다（憎い）、역겁다（むかつく）、맵다（辛い）、즐겁다（楽しい）、가깝다（近い）、어렵다（難しい）、가볍다（軽い）、덥다（暑い）、무섭다（怖い）
>
> 〈例外〉　곱다（美しい）→고와요（美しいです）
>
> 　　（一部の動詞）돕다（助ける）→도와요（助けます）

＊ 丁寧語の最敬体「－ㅂ니다 / 습니다」と敬体「－아요 / 어요」の日本語訳は共に「－です、－ます」である。本来は、前者は「－でございます」、後者は「－です、－ます」と訳すべきであるが、日本語訳ほど固い丁寧語ではなく、より日常で使われているため、「－です、－ます」と訳す。

● **下称形**

③ **略待**

● 陽母音語幹（ㅏ、ㅗ）＋아

> 例　앉다（座る）→ 앉아（座ってね）
>
> 　　작다（小さい）→ 작아（小さいね）

● 陰母音語幹（ㅏ、ㅗ 以外）＋어

> 例　먹다（食べる）→ 먹어（食べてね）
>
> 　　젊다（若い）→ 젊어（若いね）

＊ 疑問文はクエスチョンマークを付けて「－아 / 어 ?」とする。

> 例　작아（小さいね）→ 작아?（小さいの?）
>
> 　　먹어（食べてね）→ 먹어?（食べるの?）

＊「아 / 어」は命令の意味になる場合もある。

> 例　앉다（座る）→ 앉아（座って）
>
> 　　먹다（食べる）→ 먹어（食べて）

＊ 形容詞の「－ㅂ다」（ㅂ変則）：語幹ㅂ脱落＋워（우＋어）

例 맵다（辛い）→ 매워（辛いよ）（〈付録〉表 4、5「ㅂ変則」参照）

④ ぞんざい体：動詞、現在形の活用

- 母音語幹＋ㄴ다

  例 하다（する）→ 한다（する）

- 子音語幹＋는다

  例 먹다（食べる）→ 먹는다（食べる）

- ㄹ語幹＋ㄴ다

  例 날다（飛ぶ）→ 난다（飛ぶ）

    （〈付録〉表 4、5「ㄹ変則」参照）

＊ 指定詞－이다（－だ、である）、－가 / 이 아니다（－ではない）、そして存在詞の 있다（ある、いる）、없다（ない）は「－ㄴ다 / 는다」を付けず原型のまま使う。

＊ 終声（パッチム）のない名詞に「이다」が付く場合は、「가게다（店だ）」のように「－이」を省くこともある。

》》指定詞－だ（－이다）とその否定形

- 名詞＋이다（－だ、である）：이＋ㅂ니다→입니다（－です）→ 입니까？（－ですか：疑問文）

- 名詞＋가 / 이 아니다（－ではない）：－가 / 이 아니＋ㅂ니다→－가 / 이 아닙니다（－ではありません）→ －가 / 이 아닙니까？（－ではありませんか：疑問文）

  ※ 아니다は、「違う」という意味もある。

◁ 경복궁 광화문（景福宮 光化門）

　　所在地：ソウル特別市 鐘路区 社禝路 161
　　＊ p7「ソウルの区地図」・p56「ソウルの城郭図」・
　　　p57「都城コラム」を併せて参照

練習問題

1 次の単語の基本形を丁寧語の最敬体・疑問形・ぞんざい体に直しなさい。

例 하다（する）→ 합니다（します）→ 합니까？（しますか）→ 한다（する）

基本形	丁寧語の最敬体 （1・2・3人称）	丁寧語の最敬体の疑問形 （2・3人称）	ぞんざい体 （1・2・3人称）
가다 （行く）	………………… （行きます）	…………………？ （行きますか）	………………… （行く）
되다 （なる）	………………… （なります）	…………………？ （なりますか）	………………… （なる）
믿다 （信じる）	………………… （信じます）	…………………？ （信じますか）	………………… （信じる）
웃다 （笑う）	………………… （笑います）	…………………？ （笑いますか）	………………… （笑う）
싸다 （安い）	………………… （安いです）	…………………？ （安いですか）	………………… （安い）
쉽다 （易しい）	………………… （易しいです）	…………………？ （易しいですか）	………………… （易しい）

2 次の文章を、例にならって否定形に書きかえ、日本語訳も書きなさい。

例 학교입니다.（学校です）

　　→학교가 아닙니다.（学校ではありません）

① 대학입니다.（大学です）

　　→ _____ .（　　　　　　　　　　）

② 저는 다나카입니다. （私は田中です）

→ _____ . (   )

3 次の文章を日本語に訳しなさい。

① 이것은 집 주소입니다.

(訳 : _____ 。)

② 저 사람은 농구 선수가 아닙니다.

(訳 : _____ 。)

ソウルの城郭図

コリア（Korea）半島には三国時代（BC18 ～ 660）に仏教が伝来され、その後、統一新羅時代（668 ～ 935）を経て高麗時代（９１８～１３９２）に仏教は国教に等しかったと言えます。しかし、李成桂（1335 ～ 1408）が 1392 年に高麗王朝に代わる朝鮮王朝（1392 ～ 1897）を開創し崇儒抑仏の政策、つまり仏教を抑圧し儒教を崇拝するのを国家の統治理念の根幹にしました。

儒教とは、孔子（ＢＣ５５２～ＢＣ４７９）が唱えた道徳・教理、つまり孔子を始祖とする思考・信仰を体系化したものと言えます。儒教では「仁・義・礼・智・信」という５つの徳目で説いており、これらを五常または五徳とも言います。仁は人を思いやる（愛する）こと、義は正義、礼は上下関係で守るべきこと、智は道理をよく知り得ていること、信は友情に厚く誠実であることと説明することができます。一方、孟子（BC372 ～ BC289）の四端説では「仁・義・礼・智」の４つだけを取り上げています。この５つの徳目は、万物は５種類の元素である木・火・土・金・水からなるという五行説（五行思想）とも深い関わりがあると考えられます。

朝鮮王朝は、儒教の導入だけではなく高麗の首都であった開城から漢陽（今のソウル）へ遷都も行い、王宮とともに都城も新たに築造しました。都城の造築は、太祖 5（1396）年に始まったのですが、そこには儒教思想が色濃く反映されています。p56 の図で見るように、都城には８つの城門、つまり４つの大門、その間に４つの小門を設けています。４大門は、興仁之門・敦義門・崇礼門・粛清門（今は粛靖門）、そして４小門は光熙門・昭徳門（今は昭義門）・彰義門（今は紫霞門）・弘化門（今は恵化門）です。これらの城門は時代の流れの中で今の名称に変更したものもあります。

『朝鮮王朝実録』の太祖 5 年 10 月（乙卯）条には「正北曰粛清門、東北曰弘化門、俗称東小門、正東曰興仁門、俗称東大門、東南曰光熙門、俗称水口門、正南曰崇礼門、俗称南大門、小北曰昭徳門、俗称西小門、正西曰敦義門、西北曰彰義門」と記しています。すなわち、「正北は粛清門といい、東北は弘化門とするが、その俗称は東小門です。正東は興仁門といい、俗称として東大門とします。東南は光熙門といい、俗称は水口門です。正南は崇礼門といい、俗称は南大門です。小北は昭徳門といい、俗称としては西小門とする。正西は敦義門といい、西北は彰義門とします」とあります。

そこで、東・西・南の大門には儒教の徳目である「仁・義・礼」を用いた名称を付けています。つまり、東の「興仁之門」は仁を興す門、西の「敦義門」は義を篤くする門、南の「崇礼門」は礼を崇める門という意味合いが込められています。北だけは、最初の粛清門から今の粛靖門という名称になるまで儒教の徳目の「智」は付けていません。しかし、1592 年の文禄・慶長の役（秀吉の朝鮮侵略）と 1636 年の丙子胡乱（清の朝鮮侵略）に際し、漢陽が陥落され避難の重要性を感じた粛宗という王は在位 41(1715) 年に都城の北と北漢山城を繋ぐような門を建てて「弘智門」と称しました。弘智門は都城の門ではありませんが、都城の北側に「智」を付けた門を建立し、儒教の４つの徳目である「仁・義・礼・智」を整いました。そこで、儒教の５つの徳目を考えた場合、欠いていた５つ目の徳目の「信」を付けたのは、都城の門ではなく漢陽の中央の「普信閣」という鐘楼です。もともと鐘を吊し時刻を知らせた鐘閣は、太祖 7（1398）年に創られましたが、数回の焼失と移転を経て現在の場所に普信閣の額を掲げたのは高宗 5（1895）年のことです。

漢陽を取り囲む 18.2km の都城は、植民地支配期（1910 ～ 1945）に取り壊されたりして、その半分以上が消失しています。諸門は復元をしたりしていますが、敦義門と昭義門は消失のままです。これらの門の中でもよく耳にするのは、俗称の南大門と東大門ですが、その近くにはそれぞれ南大門市場と東大門市場という市場が形成されており、その市場も有名です。ちなみに、崇礼門（南大門）は韓国国宝 1 号、興仁之門（東大門）は韓国宝物 1 号として指定されています。このように、朝鮮時代の都城には、当時の社会に儒教思想を取り入れていたことを今日に残しています。

「朝鮮時代の都城に現れる儒教思想」（『Zephyr（ゼフィール・にしかぜ）』71 号、甲南大学国際言語文化センター、2018 年 12 月）

우리 동네에는 교회가 있습니다.

영화관이나 슈퍼마켓은 없습니다.

자동차는 천천히 달립니다.

이 동네는 아주 조용합니다.

≫ 本文の日本語訳

私たちの町には教会が あります。

映画館やスーパーはありません。

自動車はゆっくり走ります。

この町はとても静かです。

≫ 本文の発音

있습니다 → 잇씀니다 → ［읻씀니다］〈濃音化・鼻音化〉

영화관이나 → ［영화과니나］

슈퍼마켓은 → ［슈퍼마케슨］

없습니다 → ［업씀니다］〈濃音化・鼻音化〉

달립니다 → ［달림니다］〈鼻音化〉

조용합니다 → ［조용함니］〈鼻音化〉

≫ 存在詞（있다・없다）

- 있다（ある、いる）：있＋습니다 → 있습니다（あります、います）→ 있습니까？（あり
  ますか、いますか：疑問文）

- 없다（ない）：없＋습니다 → 없습니다（ありません、いません）→없습니까？（ありませんか、
  いませんか：疑問文）
  ※ 韓国語は、生物や無生物に関係なく、すべてに「있다」、「없다」を使う。

  ＊ 韓国語の「－하다用言」
  ① 動詞：－하다（する、いう）
  　例 설명（説明）＋하다 → 설명하다（説明する）

  ② 形容詞：－하다（だ）
  　例 유명（有名）＋하다 → 유명하다（有名だ）
  　　※ 日本語の形容動詞にあたるものは、韓国語の形容詞に属する。

≫ 助詞

- 母音（体言）＋는 / 子音（体言）＋은：－は
  例 저는 학생입니다.（私は学生です）
  　　수업은 재미있습니다.（授業は楽しいです）

- 母音（体言）＋가 / 子音（体言）＋이：－が、－は
  例 제가 갑니다.（私が行きます）
  　　친척이 옵니다.（親戚が来ます）

- 母音（体言）＋를 / 子音（体言）＋을：－を
  ＊（乗り物）に乗る：－를 / 을 타다
  　例 지하철을 탑니다.（地下鉄に乗ります）

＊（人）に会う：－를／을 만나다

　　例 친구를 만납니다.（友達に会います）

＊－が好きだ：－를／을 좋아하다

　　例 과일을 좋아합니다.（果物が好きです）

＊－に行く（※一部の表現）：－를／을 가다

　　例 유학을 갑니다.（留学に行きます）

● －도：－も

　　例 친구도 먹습니다.（友達も食べます）

● 母音（体言）＋와、子音（体言）＋과、－하고、：－と

　　例 교과서와 사전은 없습니다.（教科書と辞書はありません）

　　　　사전과 교과서가 있습니다.（辞書と教科書があります）

● 母音（体言）＋랑、子音（体言）＋이랑：－と

　　例 친구랑 여행합니다.（友達と旅行します）

　　　　친척이랑 갑니다.（親戚と行きます）

● －에：－に

　　例 할아버지는 여름에 옵니다.（お祖父さんは夏にきます）

● 母音（体言）＋로、子音（体言）＋으로：－で、－へ、－に

　　例 비행기로 갑니다.（飛行機で行きます）

　　　　시내로 갑니다.（市内へ行きます）

　　　　미국으로 떠납니다.（アメリカに出発します）

● －에서：－で、から（母音（体言）に限り、－서とする場合もある）

　　例 집에서 잡니다.（家で寝ます）

● －에서는：－では

　　例 한국에서는 사교춤이 유행입니다.（韓国では社交ダンスが流行です）

● －부터：－から

　　例 내일부터 여름 방학입니다.（明日から夏休みです）

● －까지：－まで、－までに

　　例 학교까지 버스로 갑니다.（学校までバスで行きます）

　　　　내일까지 서류를 냅니다.（明日までに書類を出します）

- −에게、−한테 : −に
  例 친구에게 / 친구한테 편지를 씁니다.（友達に手紙を書きます）

- −보다 : −より
  例 빵보다 밥을 좋아합니다.（パンよりご飯が好きです）

- −에는 : −には
  例 봄에는 입학식이 있습니다.（春には入学式があります）

- −의 : −の、−が、−である
  例 그것은 우리의 보물입니다.（それはわれわれの宝です）

- −뿐 : −だけ、−のみ
  例 이것뿐입니다.（これだけです）

- −만 : −だけ、−のみ
  例 물만 마십니다.（水だけ飲みます）

- −밖에 : −しか
  例 이것밖에 없습니다.（これしかありません）

- 母音（体言）＋나、子音（体言）＋이나 : −でも、−か
  例 토요일이나 일요일에 쉽니다.（土曜日か日曜日に休みます）

- 母音（体言）＋로서、子音（体言）＋으로서 : −として
  例 반장으로서 열심히 합니다.（班長として一生懸命します）

- −마다 : −ごとに、たびに
  例 주말마다 친구를 만납니다.（週末の度に友達に会います）

- −조차 : −さえ、−すら
  例 이름조차 모릅니다.（名前さえ知りません）

- 母音（体言）＋라도、子音（体言）＋이라도 : −でも
  例 돈이라도 있습니까?（お金でもありますか）

- −처럼 : −のように
  例 쌍둥이처럼 보입니다.（双子のように見えます）

1 例にならって文章を否定形に書きかえ、日本語訳も書きなさい。

> 例 여기는 우체국이 있습니다 . (ここは郵便局があります)
>
> → <u>여기는 우체국이 없습니다</u> .
>
> (訳：<u>ここは郵便局はありません。</u>)

① 역 앞에 공원이 있습니다. (駅の前に公園があります)

→ _____ .

(訳：_____。)

② 저기에 병원이 있습니다. (あそこに病院があります)

→ _____ .

(訳：_____。)

2 次の文章を日本語に訳しなさい。

① 도서관 앞에 자동차가 있습니다.

(訳：_____。)

② 식당 옆에는 주차장이 없습니다.

(訳：_____。)

3 四角の中から助詞を選び括弧を埋めなさい。

> 은 / 는 , 와 / 과 , 에 , 에는 , 가 , 에도

① 저것 (　　　) 연필입니다.　　　　　（それは鉛筆 です。）

② 나 (　　　) 학생이 아닙니다.　　　　（僕は学生ではありません。）

③ 휴게실 (　　　) 체육관이 있습니다.　　（休憩室と体育館があります。）

④ 종이 (　　　) 지우개는 없습니다.　　（紙と消しゴムはありません。）

⑤ 집 (　　　) 아무도 없습니다.　　　　（家には誰もいません。）

⑥ 수영장 (　　　) 갑니다.　　　　　　（プールに行きます。）

창덕궁 인정문 （昌德宮 仁政門）

所在地：ソウル特別市 鐘路区 栗谷路 99
1985 年、韓国の宝物に指定
＊ p7「ソウルの区地図」・p56「ソウルの城郭図」を併せて参照

한국어 교과서에는 단어와 문장이 많습니다.

한국어 공부에는 사전이 필요합니다.

문제집은 제가 직접 풀겠습니다.

특히 쓰기 연습을 많이 하겠습니다.

≫ 本文の日本語訳

韓国語の教科書には単語と文章が多いです。

韓国語の勉強には辞書が必要です。

問題集は私が直接解きます。

特に書き（書くこと）の練習をたくさんします。

≫ 本文の発音

한국어 → ［한구거］

단어와 → ［다너와］

많습니다 → 만ㅎ＋습니다 → ［만씀니다］〈濃音化・鼻音化〉

언어 → ［어너］

사전이 → ［사저니］

필요합니다 → ［피료함니다］〈鼻音化〉

문제집은 → ［문제지븐］

직접 → ［직쩝］

풀겠습니다 → 풀겠씀니다 → ［풀껟씀니다］〈濃音化・鼻音化〉

특히 → ［트키 ］〈激音化〉

연습을 → ［연스블］

많이 → 만이 → ［마니］

하겠습니다 → 하겠씀니다 → ［하껟씀니다］〈濃音化・鼻音化〉

≫ 学習ポイント

쓰기：쓰다 → 쓰＋기（用言の名詞形）

많이：많다 → 많＋이（形容詞の副詞形））

필요하다：形容詞

● 補助語幹－겠

　「－겠」は、未来、意志、推測、控えめな気持ち（謙譲）など様々な機能があり、これらの機能が１つの文章や会話の中で、いくつかの意味合いをもつことある。

　控えめな気持ち（謙譲）の場合は、以下の名詞や動詞における謙譲語を使う。この時、動詞は日本語訳の「－致す」、「お－する」、「－させて頂く」という意味合いをもつ。その他、未来の用法は「－するつもり」、「－する予定」、「－はず」、そして推測は「－だろう」で解釈できる。

≫ －겠：未来、意志、推測、控えめな気持ち（謙譲）の文体

　「－겠」を使った文体も、大きく分けて「上称形」、「下称形」の２つに分かれ、さらに上称形は「最敬体」、「敬体」、そして下称形は「略体」、「ぞんざい体」と、全体で４つの文体に分けられる。（以下、日本語訳は－겠（控えめな気持ち）の場合）

● **上称形**

① **最敬体**

- 用言語幹＋겠＋습니다

  例 먹다（食べる）→ 먹겠습니다．（食べさせて頂きます）

  　하다（する）→ 하겠습니다．（致します）

② **敬体**

- 用言語幹＋겠＋어요

  例 입다（着る）→ 입겠어요．（着させて頂きます）

  　하다（する）→ 하겠어요．（致します）

● **下称形**

① **略待**

- 用言語幹＋겠＋어

  例 먹다（食べる）→ 먹겠어（食べさせて頂く）

  　하다（する）→ 하겠어（させて頂く）

② **ぞんざい体**

- 用言語幹＋겠＋다

  例 놀다（遊ぶ）→ 놀겠다（遊ばせて頂く）

  　하다（する）→ 하겠다（させて頂く）

>> **謙譲の言葉**

● **名詞**

나（僕）→ 저（私）

우리（僕ら）→ 저희（私たち）

아이（子）→ 녀석（奴）

말（言葉）→말씀（お言葉）　＊尊敬語としても使う

● **動詞**

만나다 （会う） → 뵈다、뵙다 （お目にかかる）

찾아가다 （訪ねる） → 찾아뵙다 （お訪ねする）

말하다 （言う） → 말씀드리다 （申し上げる）

묻다 （聞く） → 여쭈다 （伺う）

데리다 （連れる） → 모시다 （お連れする）

주다 （やる） → 드리다 （差し上げる）

※ 上記の動詞全てに「－겠」を入れることができるが、その場合、右側がより謙譲の意味合いが強くなる。

》用言の名詞形

● **〈用言の名詞形〉**

① 用言の語幹＋기

例 듣다 （聞く） → 듣기 （聞くこと）、하다 （する）→하기 （すること）

② 用言の語幹＋음 （ㅁ）

例 먹다 （食べる）→먹음 （食べること）、하다 （する）→함 （すること）

③ 用言の語幹＋이

例 길다 （長い）→길이 （長さ）

〈例外〉－ㅂ다動詞の一部、そして－ㅂ다形容詞の名詞形 ② は－움をつける （〈付録〉 表5 ㅂ変則参照）

例 돕다 （手伝う） → 도움 （手伝い）、그립다 （恋しい） → 그리움 （恋しさ）

》形容詞の副詞形

● **形容詞の副詞形：－に、－く**

① －게 ： 例 건강하다 （健康だ）→건강하＋게→건강하게 （健康に）

② －히 ： 例 무사하다 （無事だ）→무사＋히→무사히 （無事に）

③ －이 ： 例 많다 （多い）→많＋이→많이 （多く）

● **韓国語の「－하다」**

① 動詞：－하다 （する、いう）

例 운동하다 （運動する）

② 形容詞：－하다 （だ）：日本語では形容動詞である。

例 조용하다 （静かだ）

1 次の単語の基本形を謙譲語の最敬体・疑問形・ぞんざい体に直しなさい。

例 가다（行く）→ 가겠습니다（行かせて頂きます）→ 가겠습니까？（行きますか・行く
つもりですか）→ 가겠다（行く・行くつもりだ）

基本形	謙譲語の最敬体 （1人称：控え目な気持ち）	謙譲語の最敬体の疑問形 （2人称：未来・意志）	謙譲語のぞんざい体 （1・2・3人称：未来・意志）
타다 （乗る）	.... （乗らせて頂きます）	.................？ （乗りますか）	.... （乗る）
모으다 （集める）	.... （集めさせて頂きます）	.................？ （集めるつもりですか）	.... （集めるつもりだ）
지내다 （過ごす）	.... （過ごさせて頂きます）	.................？ （過ごしますか）	.... （過ごす）
받다 （もらう）	.... （頂きます）	.................？ （頂きますか）	.... （頂く）
끝내다 （終える）	.... （終えさせて頂きます）	.................？ （終えるつもりですか）	.... （終えるつもりだ）
참다 （耐える）	.... （耐えさせて頂きます）	.................？ （耐えますか）	.... （耐える）

2 次の文章を謙譲語の最敬体に直しなさい。

① 토요일에 콘서트를 ＿＿＿＿＿＿＿＿（보다）.

（土曜日にコンサートをみさせていただきます。）

② 나중에 친구와 휴게실에서＿＿＿＿＿＿＿（쉬다）.

（後で友達と休憩室で休ませていただきます。）

3 次の文章を謙譲語の最敬体に直し、日本語訳しなさい。

① 사무실 정리는 제가 ＿＿＿＿＿＿＿ (하다).

(訳:＿＿＿＿＿＿＿＿＿＿＿＿＿＿＿＿ 。)

② 저는 택시를＿＿＿＿＿＿＿ (타다).

(訳:＿＿＿＿＿＿＿＿＿＿＿＿＿＿＿＿ 。)

남대문（南大門）＝숭례문（崇礼門）

所在地：ソウル特別市 中区 世宗大路 40
朝鮮時代の太祖 7（1398）年 に建立した城門
1962 年、国宝に指定
* p7「ソウルの区地図」・p56「ソウルの城郭図」・p57「都城コラム」を
併せて参照

아버지는 한국 민요를 좋아하십니다.
어머니는 자주 한국에 여행을 가십니다.
나는 한국 음식을 잘 먹습니다.
우리 가족은 한국에 관심이 많습니다.

≫ 本文の日本語訳

父は韓国の民謡が好きです（直訳：お父さんは韓国の民謡がお好きです）。

母は頻繁に韓国へ旅行に行きます（直訳：お母さんは頻繁に韓国へ旅行に行かれます）。

僕は韓国料理をよく食べます。

私たちの家族は韓国に関心が多いです。

≫≫ 本文の発音

민요를　→　［민요를］

좋아하십니다　→　［조아하심니다］〈鼻音化〉

한국에　→　［한구게］

가십니다　→　［가심니다］〈鼻音化〉

먹습니다　→　［먹씀니다］〈濃音化・鼻音化〉

음식을　→　［음시글］

많습니다　→　많ㅎ＋습니다　→　［만씀니다］〈濃音化・鼻音化〉

가족은　→　［가조근］

관심이　→　［관시미］

※ 日韓における敬語の使い方の違い

　韓国語と日本語における敬語は単純に言えば類似していると言える。しかし、その使い方は異なっている。まず、韓国語における敬語の使い方は、話者にとって「話題の人が自分より目上かどうか」が基準となっていて、これを「絶対敬語」という。一方、日本語において敬語を使うか使わないかの第１判断基準は、「話者と聞き手、またそこで話題となる人物との関係」である。これを「相対敬語」という。つまり話者にとって話題の人物が身内であれば、たとえ目上の人であっても、その話題の人物の行いについては敬語を使わずに聞き手に話す。

　　例　会社の従業員が、取引先からの電話に応対する時

　　韓国の場合：　사장님은 지금 회사에 안 계십니다.

　　　　　　　　（社長様は今、会社にいらっしゃいません）

　　日本の場合：　社長は、今、会社におりません（席をはずしております）。

≫≫ 尊敬語

　尊敬語も丁寧語と同様、大きく分けて「上称形」、「下称形」の２つに分かれ、さらに上称形は「最敬体」、「敬体」、そして下称形は「略待」、「ぞんざい体」と、全体で４つの文体に分けられる。

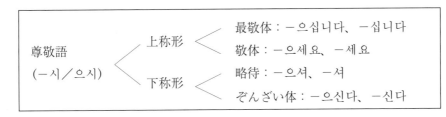

● 上称形

① 最敬体

- 母音語幹＋시＋ㅂ니다 → 십니다
  例 하다（する）→하십니다（なさいます）
  　크다（大きい）→크십니다（***）

- 子音語幹＋으시＋ㅂ니다 → 으십니다
  例 앉다（座る）→앉으십니다（お座りになります）
  　작다（小さい）→작으십니다（***）

- ㄹ語幹＋시＋ㅂ니다 → 십니다
  例 놀다（遊ぶ）→노십니다（お遊びになります）
  　길다（長い）→기십니다（***）（〈付録〉表4、5「ㄹ変則」参照）

＊疑問文は、「－십니다 / 으십니다」を「－십니까 / 으십니까?」に直す。
  例 앉으십니다（お座りになります）→ 앉으십니까（お座りになりますか）

② 敬体

- 母音語幹＋시＋어요 → 세요
  例 하다（する）→하세요（なさいます）
  　크다（大きい）→크세요（***）

- 子音語幹＋으시＋어요→으세요
  例 앉다（座る）→앉으세요（お座りになります）
  　작다（小さい）→작으세요（***）

- ㄹ語幹＋시＋어요→세요
  例 놀다（遊ぶ）→노세요（お遊びになります）
  　길다（長い）→기세요（***）（〈付録〉表4、5「ㄹ変則」参照）

＊疑問文はクエスチョンマークをつけて「－세요?/ 으세요?」とする。
  例 하세요（なさいます）→ 하세요?（なさいますか）

＊「－세요 / 으세요」は「軽い命令」の意味合いもある。
  例 하세요 1. なさいます 2.－してください

※ 尊敬語の最敬体「－십니다 / 으십니다」と敬体「－세요 / 으세요」の日本語訳は、共に「－でいらっしゃいます」、「－られます」、「お－になります」である。これは両者の尊敬の度合いに大きな差がなく、日本語でその違いを現すのは難しいためである。

● 下称形

③ 略待

- 母音語幹＋시＋어 → 셔
  例 하다（する）→ 하셔（なさるよ）、크다（大きい）→ 크셔（***）

- 子音語幹＋으시＋어 → 으셔
  例 앉다（座る）→ 앉으셔（お座りになるよ）、작다（小さい）→작으셔（***）

- ㄹ語幹＋시＋어 → 셔
  例 놀다（遊ぶ）→노셔（お遊びになる）、길다（長い）→기셔（***）（〈付録〉表 4、5「ㄹ変則」参照）

＊疑問文は、クエスチョンマークをつけて「－셔？/ 으셔？」に直す。
  例 하셔（なさる）→ 하셔요？（なさるの）

＊「－셔 / 으셔」は「軽い命令」の意味合いもある。
  例 앉으셔 1.（お座りになるよ）2.（お座りになって）

④ ぞんざい体

- 母音語幹＋시＋ㄴ다 → 신다
  例 하다（する）→ 하신다（なさる）

- 子音語幹＋으시＋ㄴ다 → 으신다
  例 앉다（座る）→ 앉으신다（お座りになる）

- ㄹ語幹＋시＋ㄴ다 → 신다
  例 놀다（遊ぶ）→ 노신다（遊ばれる）（〈付録〉表 4、5「ㄹ変則」参照）

尊敬の言葉

● 名詞

사람（人）→ 분（方）
집（家）→ 댁（宅）
이름（名前）→ 성함（お名前）
밥（飯）→ 진지（ご飯）
나이（年齢）→ 연세（ご年齢）
생일（誕生日）→ 생신（お誕生日）

말 (言葉) → 말씀 (お言葉)　＊謙譲語としても使われる

병 (病気) → 병환 (ご病気)

몸 (体) → 옥체 (お体)

● ー님づけの名詞

부인 (夫人) →　사모님 (ご夫人、奥様)

선생 (先生) →　선생님 (先生様)

교수 (教授) →　교수님 (教授様)

부모 (両親) →　부모님 (ご両親)

할아버지 (おじいさん) →　할아버님 (おじいさん / 様)

할머니 (おばあさん) →　할머님 (おばあさん / 様)

아버지 (父 / お父さん) →　아버님 (お父さん / 様)

어머니 (母 / お母さん) →　어머님 (お母さん / 様)

아들 (子) →　아드님 (お子さん / 様)

딸 (娘) →　따님 (お嬢さん / 様)

형 (兄) →　형님 (お兄さん / 様)

누나 (姉) →　누님 (お姉さん / 様)

부장 (部長) →　부장님 (部長さん / 様)

● 動詞

- 죽다 (死ぬ) → 돌아가시다 (亡くなる)
  例 은사께서 돌아가셨습니다 . (恩師がお亡くなりになりました)

- 먹다、마시다 (食べる、飲む) → 잡수시다、드시다 (召し上がる)
  例 할아버님께서는 진지를 드십니다 . (おじい様はごはんを召し上がります)

- 자다 (寝る) → 주무시다 (お休みになる)
  例 할머님께서는 일찍 주무십니다 . (おばあ様は早くにお休みになられます)

- 있다 (いる) → 계시다 (いらっしゃる)
  例 선생님은 댁에 계십니다 . (先生はお宅にいらっしゃいます。)

- 없다 (いない) → 안 계시다 (いらっしゃらない)
  例 지금 부장님은 안 계십니다 . (今、部長はいらっしゃいません)

- 말하다 (言う) → 말씀하시다 (おっしゃる)
  例 사장님께서 말씀하십니다 . (社長 (様) がお話になられます)

● **助詞**

- −가、이（が）→ −께서

  例 교수님께서 강의를 하십니다．（教授（様）が講義をなさいます）

- −는、은（は）→ −께서는

  例 선생님께서는 교실에 계십니까？（先生は教室にいらっしゃいます）

- −에게、한테（に）→ −께

  例 선생님께 연락을 드립니다．（先生に連絡をさしあげます）

- −도（も）→ −께서도、께도

  例 사모님께서도 산보를 하십니다．（ご奥様も散歩をされます）

- −만（だけ）→ −께서만

  例 사장님께서만 외국에 출장을 가십니다．

  （社長（様）だけ外国へ出張に行かれます）

● **形容詞**

- 아프다（体の具合が悪い）→ 편찮으시다（お加減がよくない）

  例 숙부님께서 편찮으십니다．（お叔父（様）のお加減がよくないです）

● **「좋아하다」と「좋다」**

- −를／을 좋아하다（−を好んでいるの意味）：−が好きだ

  例 불고기를 좋아해요．（焼き肉が好きです）

- −가／이 좋다（−が良いの意味）：−が好きだ

  例 한국이 좋아요．（韓国が好きです）

◁ 창경궁 홍화문（昌慶宮 弘化門）

所在地：ソウル特別市 鐘路区 昌慶宮路185
1963 年、韓国の宝物に指定
＊ p7「ソウルの区地図」・p56「ソウルの城郭図」
を併せて参照

練習問題

1 次の単語の基本形を尊敬語の最敬体・疑問形・ぞんざい体に直しなさい。

例 가다（行く）→ 가십니다（行かれます）→ 가십니까？（行かれますか）→ 가신다（行かれる）

基本形	尊敬語の最敬体 （2・3人称）	尊敬語の最敬体の疑問形 （2・3人称）	ぞんざい体 （2・3人称）
나누다 （分ける）	.... （お分けになります）	..........................? （お分けになりますか）	.... （お分けになる）
쉬다 （休む）	.... （お休みになります）	..........................? （お休みになりますか）	.... （お休みになる）
외우다 （覚える）	.... （お覚えになります）	..........................? （お覚えになりますか）	.... （お覚えになる）
갚다 （返す）	.... （返されます）	..........................? （返されますか）	.... （返される）
넣다 （入れる）	.... （入れられます）	..........................? （入れられますか）	.... （入れられる）
심다 （植える）	.... （植えられます）	..........................? （植えられますか）	.... （植えられる）

2 次の文章を尊敬語の最敬体（ー십니다 / 으십니다）に直しなさい。

① 선생님이 신문을 ＿＿＿＿＿＿＿＿（읽다）.

（先生＜先生様＞が新聞を<u>読まれます</u>。）

② 어머니가 집에서 일을 ＿＿＿＿＿＿＿＿（하다）.

（母＜お母さん＞が家で仕事を<u>されます</u>。）

3 次の文章を尊敬語の最敬体（−십니다 / 으십니다）に直し、日本語訳しなさい。

① 아버지는 옷을 ＿＿＿＿＿＿＿＿＿ (입다).

（訳 : ＿＿＿＿＿＿＿＿＿＿＿＿＿＿＿＿＿＿＿＿＿ 。）

② 사장님은 일본에＿＿＿＿＿＿＿＿ (가다).

（訳 : ＿＿＿＿＿＿＿＿＿＿＿＿＿＿＿＿＿＿＿＿＿ 。）

동대문(東大門)＝흥인지문(興仁之門)

所在地：ソウル特別市 鐘路区 鐘路 288
朝鮮時代の太祖 5 (1396) 年に建立した城門
1963 年、韓国の宝物に指定
＊ p7「ソウルの区地図」・p56「ソウルの城郭図」・p57「都城コラム」を併せ
て参照

나는 불고기를 아주 좋아해요.

집에서도 한국 음식을 자주 먹어요.

가끔 가족과 함께 한국 식당에도 가요.

식당에는 한국 요리의 종류가 많이 있어요.

>> **本文の日本語訳**

私は焼肉がとても好きです。

家でも韓国料理をよく食べます。

たまに家族と一緒に韓国食堂にも行きます。

食堂には韓国料理の種類がたくさんあります。

≫ 本文の発音

좋아해요 → ［조아해요］

집에서도 → ［지베서도］

음식을 → ［음시글］

먹어요 → ［머거요］

가족과 → ［가족꽈］〈濃音化〉

식당에도 → ［식땅에도］〈濃音化〉

종류가 → ［종뉴가］〈鼻音化〉

많이 → 만이 → ［마니］

있어요 → ［이써요］

≫ 文法

● 丁寧語の（上称形）敬体：－아요/어요「－です、ます」

- 陽母音語幹（ㅏ、ㅗ）＋아요

  例 받다（受ける）：받＋아요 → 받아요（受けます）

- 陰母音語幹（ㅏ、ㅗ以外）＋어요

  例 먹다（食べる）：먹＋어요 → 먹어요（食べます）

● 母音の縮約

　　母音語幹の用言（語幹に終声（パッチム）がない場合）は、連用形や丁寧語の敬体、過去形などに活用する時、母音が脱落したり、縮約することがある。

① ㅏ＋아→ㅏ　例　가다（行く）：가＋아요→가아요（×）→ 가요（行きます）

② ㅓ＋어→ㅓ　例　서다（立つ）：서＋어요→서어요（×）→ 서요（立ちます）

③ ㅐ＋어→ㅐ　例　보내다（送る）：보내＋어요→보내어요（×）→보내요（送ります）

④ ㅔ＋어→ㅔ　例　세다（数える）：세＋어요→세어요（×）→ 세요（数えます）

　　ㅔ＋어　例　메다（負う）：메＋어요→메어요／메요（負います）

⑤ ㅕ＋어→ㅕ　例　켜다（点ける）：켜＋어요→켜어요（×）→ 켜요（点けます）

⑥ ㅗ＋아→ㅘ　例　오다（来る）：오＋아요 →오아요（×）→와요（来ます）

　　ㅗ＋아　例　보다（見る）：보＋아요→보아요／봐요（見ます）

⑦ ㅜ＋어→ㅝ　例　배우다（学ぶ）：배우＋어요→배우어요（×）→배워요（学びます）

　　ㅜ＋어　例　나누다（分ける）：나누＋어요→나누어요／나눠요（分けます）

⑧ ㅣ＋어→ㅕ　例　마시다（飲む）：마시＋어요→마시어요（×）→마셔요（飲みます）

● 縮約の例外的な活用

★ 하다（する、いう）

하＋아요→하아요（×）→ 해요（○）、하여요（○）

★ 되다（なる、される）

되＋어요→되어요（○）、돼요（○）

★ 이다（だ、である）

이＋어요→이어요（×）→ 子音（体言）＋이에요（○）、母音（体言）＋예요（○）

練習問題

1 次の単語の基本形を丁寧語の敬体・疑問形・ぞんざい体に直しなさい。

例 가다（行く）→ 가요（行きます）→ 가요？（行きますか）→ 간다（行く）

基本形	丁寧語の敬体 （1・2・3人称）	丁寧語の敬体の疑問形 （2・3人称）	ぞんざい体 （1・2・3人称）
고치다 （直す）	…………………… （直します）	……………………？ （直しますか）	…………………… （直す）
매다 （縛る）	…………………… （縛ります）	……………………？ （縛りますか）	…………………… （縛る）
세우다 （建てる）	…………………… （建てます）	……………………？ （建てますか）	…………………… （建てる）
만나다 （会う）	…………………… （会います）	……………………？ （会いますか）	…………………… （会う）
신다 （履く）	…………………… （履きます）	……………………？ （履きますか）	…………………… （履く）
젖다 （濡れる）	…………………… （濡れます）	……………………？ （濡れますか）	…………………… （濡れる）

2 次の単語の基本形を母音縮約の例外に注意しながら丁寧語の敬体・疑問形・ぞんざい体に直しなさい。

基本形	丁寧語の敬体 （1・2・3人称）	丁寧語の敬体の疑問形 （2・3人称）	ぞんざい体 （1・2・3人称）
하다 （する）	…………………… …………………… （します）	……………………？ ……………………？ （しますか）	…………………… （する）
되다 （なる）	…………………… …………………… （なります）	……………………？ ……………………？ （なりますか）	…………………… （なる）
이다 （だ・である）	子音体言： 母音体言： （です）	子音体言：　　　？ 母音体言：　　　？ （ですか）	子音体言： 母音体言： （だ・である）

3 次の文章を丁寧語の敬体（−아요 / 어요）に直しなさい。

① 테이블 위에 고양이가 ＿＿＿＿＿＿（ 있다 ）.

（テーブルの上に猫がいます。）

② 친구는 학교에서 ＿＿＿＿＿＿（ 놀다 ）.

（友達は学校で遊びます。）

4 次の文章を母音縮約に注意しながら丁寧語の敬体（−아요 / 어요）に直し、日本語訳しなさい。

① 동생하고 야구를 ＿＿＿＿＿＿（ 보다 ）.

（訳：＿＿＿＿＿＿＿＿＿＿＿＿＿ 。）

② 나는 학원에서 한국어를＿＿＿＿＿＿（ 가르치다 ）.

（訳：＿＿＿＿＿＿＿＿＿＿＿＿＿ 。）

第 **12** 課 漢数詞

서울은 한국의 수도입니다. 서울에는 옛날의 건축물과 함께 고층 건물이 많아요. 그 중에서도 123(백이십삼) 층의 롯데 월드 타워가 유명해요. 여기에는 관광객이 많이 방문합니다.

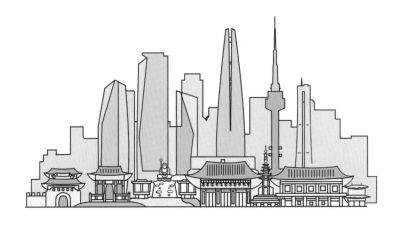

>> **本文の日本語訳**

　ソウルは韓国の首都です。ソウルには昔の建築物とともに高層ビルが多いです。その中でも123階建てのロッテワールドタワーが有名です。ここには観光客が大勢訪問します。

≫ 本文の発音

서울은 → [서우른]

한국의 → [한구긔]・[한구게]

수도입니다 → [수도임니다]〈鼻音化〉

옛날의 → 옌나릐 → [옌나릐]・[옌나레]〈鼻音化〉

건물이 → [건무리]

많아요 → 만아요 → [마나요]

롯데 → [롣떼]〈濃音化〉

관광객이 → [관광개기]

많이→만이 → [마니]

방문합니다 → [방문함니다]〈鼻音化〉

≫ 学習ポイント

－과 함께 : －とともに、－と一緒に

많이 : 많다 → 많＋이（形容詞の副詞形）

≫ 数字

● 漢数詞

1	2	3	4	5	6	7	8	9	10
일	이	삼	사	오	육	칠	팔	구	십

11	12	13	14	……	20	30	40	50	60
십일	십이	십삼	십사	……	이십	삼십	사십	오십	육십

70	80	90	百	千	万	億	兆	0
칠십	팔십	구십	백	천	만	억	조	영 / 공

〈漢数詞で表す単位〉

○ 月日、時間

- ・－年－月－日：－년－월－일 　例 천구 백구십 년 삼 월 이십육 일 (1990年3月26日)
- ・分／秒：분／초 　例 십이 분 삼십 초 (12分30秒)
- ・箇月：개월 　例 삼 개월 (3ヶ月)
- ・－泊－日：－박－일 　例 삼박 사일 (3泊4日)
- ・歳：세 　例 오십오 세 (55歳)

○ お金、値段

- ・ウォン（W：원） 　例 팔천 원 (8000ウオン)
- ・円（エン） 　例 이만 엔 (2万円)
- ・Dollar（달러、弗：불） 　例 오십 달러 (50ドル)

○ 高さ、重さ、量、度合いに関する単位

- ・建物の階数（層：층） 　例 삼십일 층 (31階)
- ・重さ（kg：킬로그램、g：그램） 　例 일킬로 그램 (1kg)
- ・長さ（km：킬로미터、m：미터、cm：센티미터、mm：밀리미터） 　例 삼 킬로미터 (3km)
- ・温度（度：도） 　例 삼십삼 도 (33度)
- ・湿度（%：퍼센트） 　例 이십오 퍼센트 (25%)

○ その他

- ・－人分：－인분（※料理の注文など） 　例 이 인분 (2人前)
- ・回：회 　例 칠 회 (7回)

○ 注意事項

- ・「6月と10月」の場合は、「유월、시월」という。
- ・「1万」の場合は、「만」という。

◁ 덕수궁 대한문 （徳寿宮 大漢門）

　所在地：ソウル特別市 中区 世宗大路99
建立の時期は不詳であるが、高宗34（1897）
年であると推定される。
＊p7「ソウルの区地図」・p56「ソウルの城郭
　図」を併せて参照

1 次の1〜10までの漢数詞を書きなさい。

1	2	3	4	5	6	7	8	9	10
( )	( )	( )	( )	( )	( )	( )	( )	( )	( )

2 次の数詞に対する漢数詞を書きなさい

100：百	1,000：千	10,000：万	億	兆	0：零
( )	( )	( )	( )	( )	(／)

3 次の数字を韓国語の漢数詞で書きなさい。

① 年月日：1961 년 5 월 16 일 (   ).

② 電話番号 731- 6928 (   ).

4 次の数詞を韓国語で書き、日本語訳しなさい。

① 사무실은 저 건물 ＿＿＿＿＿＿＿ (11 층) 에 있어요.

(訳：＿＿＿＿＿＿＿＿＿＿＿＿＿＿＿＿＿。)

② 이 모자는＿＿＿＿＿＿＿ (53,000 원) 이에요.

(訳：＿＿＿＿＿＿＿＿＿＿＿＿＿＿＿＿＿。)

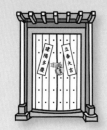

第13課 固有数詞

친구는 기타 연주가 취미예요.

일요일에는 공원에서 기타를 연주해요.

매주 15(열다섯)명 정도가 모여요.

친구는 사람들과 즐겁게 시간을 보내요.

>> **本文の日本語訳**

友達はギターの演奏が趣味です。

日曜日には公園でギターを演奏します。

毎週、15名程度が集まります。

友達は人々と楽しく時間を過ごします。

>> 本文の発音

일요일에는 → [이료이레는]

공원에서 → [공워네서]

사람이 → [사라미]

즐겁게 → [즐겁께] 〈濃音化〉

시간을 → [시가늘]

>> 学習ポイント

ー들 : ーら、ーだち（複数）

즐겁다 : 즐겁 ＋ 게（形容詞の副詞形）

● 固有数詞

1	2	3	4	5	6	7	8	9	10
하나	둘	셋	넷	다섯	여섯	일곱	여덟	아홉	열
(한)	(두)	(세)	(네)						

11	12	13	14	.....	20
열하나	열둘	열셋	열넷	....	스물
(열한)	(열두)	(열세)	(열네)		(스무)

30	40	50	60	70	80	90	100
서른	마흔	쉰	예순	일흔	여든	아흔	백

※ 百／千／万／億／兆、及び0は漢数詞と同じ

※（　　　）内は後ろに助数詞が付く場合

〈固有数詞で表す単位〉

○ 月日、時間

・歳（살）　　例 서른 살（30歳）

・時間（時：시）　　例 일곱 시（7時）

・日数：하루（1日間）、이틀（2日間）、사흘（3日間）、나흘（4日間）、닷새（5日間）

엿새（6日間）、이레（7日間）、여드레（8日間）、아흐레（9日間）、열흘（10日間）

例 나흘날（4日目）、초닷새（5日）

○ 様々なものを数える単位

・個：개	例	한 개（1個）
・種類：종류、가지	例	두 종류、두 가지（2種類）
・枚：장	例	세 장（3枚）
・株（포기）	例	다섯 포기（5株）
・本（瓶：병）	例	한 병（1瓶）
・着（벌）	例	두 벌（2着）
・台：대	例	세 대（3台）
・箱（갑）	例	네 갑（4箱）
・冊（권）	例	다섯 권（5冊）
・匹（마리）	例	여섯 마리（6匹）
・房（송이）	例	여덟 송이（8房）

○ その他

・人数（名：명、사람）	例	아홉 명（9名）、일곱 사람（7人）
・度、回（번）	例	여섯 번（6回）

練習問題

1 次の 1 ～ 10 までの固有数詞を書きなさい。

1	2	3	4	5	6	7	8	9	10
（　）	（　）	（　）	（　）						

2 次の 20 ～ 100 までの固有数詞を書きなさい。

20	30	40	50	60	70	80	90	100
（　）								

3 次の数字を適切な韓国語の数詞で書きなさい。

① 時間：오후 3 시 28 분 (   ).

② 花：장미 5 송이 (   ).

4 次の数字を韓国語の固有数詞で書き、日本語訳しなさい。

① 공책 _____ (2 권)이 필요해요.

(訳：_____ 。)

② 체육관에는 학생이 _____ (25 명)있어요.

(訳：_____ 。)

숙정문 (肅靖門)

所在地：ソウル特別市 鐘路区 三清洞 山25-22
朝鮮時代の太祖 5 (1396) 年に建立した城門
＊ p7「ソウルの区地図」・p56「ソウルの城郭図」・p57「都城コラム」を
併せて参照

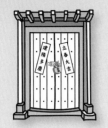

第14課 ぞんざい体（丁寧語・尊敬語・謙譲語）

14 🔊

오늘 우리 가족은 모두가 바쁘다.

할아버지는 등산을 가신다.

아버지와 어머니는 모임에 참석한다.

나는 집에서 쉬면서 독서를 해야 하겠다.

≫ 本文の日本語訳

今日、私たちの家族は皆が忙しい。

祖父は登山に行かれる。

父と母は催しに参席する。

私は家で休みながら読書をする（つもりだ）。

>> 本文の発音

가족은 → ［가조근］

할아버지는 → ［하라버지는］

등산을 → ［등사늘］

모임에 → ［모이메］

참석한다 → ［참서칸다］〈激音化〉

집에서 → ［지베서］

독서를 → ［독써를］〈濃音化〉

하겠다 → 하겟ㅅ + 다 → ［하겓따］〈濃音化〉

>> 学習ポイント

ぞんざい体（丁寧語・謙譲語・尊敬語）

모임：모이다 → 모 + 임（用言の名詞形）

－아야 / 어야 하다：－しなければならない、－しないといけない（義務）

－해야 하겠다：－するつもりだ（未来・予定）

練習問題

1 次の文章を尊敬語のぞんざい体（－신다 / 으신다）に直しなさい。

① 어른은 무엇이든 먼저 걱정을 ＿＿＿＿＿＿＿（하다）.

（大人は何でも、まず心配を<u>される</u>。）

② 노인이 약국에서 약을＿＿＿＿＿＿＿（받다）.

（老人が薬局で薬を<u>受け取られる</u>。）

2 次の「－면서 / 으면서：－ながら」を用い、文章を完成させなさい。

① 책을 ＿＿＿＿＿＿＿（읽다）음악을 듣는다.

（本を<u>読みながら</u>音楽を聴く。）

② 텔레비전을＿＿＿＿＿＿＿（보다）커피를 마신다.

(テレビを<u>みながら</u>コーヒーを飲む。)

3 次の文章を丁寧語のぞんざい体（－ㄴ다 / 는다）に直し、日本語訳しなさい。

① 나는 빵집에서 아르바이트를＿＿＿＿＿＿＿（하다）.

(訳:＿＿＿＿＿＿＿＿＿＿＿＿＿＿＿＿＿＿＿＿＿＿＿＿＿＿＿。)

② 정원에서 사진을＿＿＿＿＿＿＿（찍다）.

(訳:＿＿＿＿＿＿＿＿＿＿＿＿＿＿＿＿＿＿＿＿＿＿＿＿＿＿＿。)

광희문（光熙門）

所在地：ソウル特別市 中区 退渓路 344
朝鮮時代の太祖 5（1396）年に建立した城門
＊ p7「ソウルの区地図」・p56「ソウルの城郭図」・p57「都城コラム」を
　併せて参照

> 一柱門(一柱門)：寺院の入口に建てられている門であり、概ねは「○○山 ○○寺」という山号及び寺名を記す額を掲げる。俗世を離れ、仏の世界に入る最初の関門である。

◁ 通度寺舎利塔

◁ 영축산 통도사 일주문
　（霊鷲山 通度寺 一柱門）

　所在地：慶尚南道 梁山市 下北面 通度寺路108
三宝寺院の中で釈迦の舎利を奉安している「仏宝」
寺刹である。
　　　　＊p49「韓国全図」を併せて参照

海印寺八万大蔵経 ▷

가야산 해인사 일주문 ▷
　（伽耶山 海印寺 一柱門）

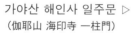

所在地：慶尚南道 陜川郡 伽耶面 海印寺キル122
三宝寺院の中で八万大蔵経を宝蔵している「法宝」
寺刹である。海印寺の八万大蔵経は、1995年に
世界文化遺産に指定
　　　＊p49「韓国全図」を併せて参照

第 **15** 課 過去形・前提

시장에 꽃병을 사러 갔다.

시장에는 사람이 많았다.

물건을 사는데 시간이 많이 걸렸다.

시장은 활기가 넘쳤다.

>> **本文の日本語訳**

市場に花瓶を買いに行った。

市場には人が多かった。

物品を買うのに時間が随分かかった。

市場は活気があふれた（あふれていた）。

▶▶ 本文の発音

꽃병을 → [꼰뼝을]〈濃音化〉

사람이 → [사라미]

많았다 → 만앗따 → [마낟따]〈濃音化〉

물건을 → [물거늘]

시간이 → [시가니]

많이 → 만이 → [마니]

걸렸다 → 걸렫따 → [걸렫따]〈濃音化〉

넘쳤다 → 넘쳣따 → [넘쳗따]〈濃音化〉

▶▶ 学習ポイント

－러／으러 가다 : －しに行く

－(ㄴ) 은데／는데 : －のに、－だが、－ので、－だから（前提）

많이 : 많다 → 많＋이（形容詞の副詞形）

▶▶ 文法

● 過去形

- 陽母音語幹（ㅏ、ㅗ）＋았

  例 받다（受ける）→받았다（受けた）→받았습니다（受けました）／받았어요（受けました）

- 陰母音語幹（ㅏ、ㅗ 以外）＋었

  例 먹다（食べる）→먹었다（食べた）→먹었습니다（食べました）／먹었어요（食べました）

  ※ 過去形も母音語幹（語幹にバッチムのない用言）は縮約が起きる（第11課「母音縮約」参照）

〈例外的な用言として覚える〉

- 하다（する、いう）

  하＋았＋（습니다／아요）→ 하았습니다／하았아요（×）→ 했습니다／했어요（○）、하였습니다／하였어요（○）

- 되다（なる、される）

  되＋었＋（습니다／어요）→ 되었습니다／되었어요（○）、됐습니다／됐어요（○）

- －이다（－だ、である）

  －이＋었＋（습니다／어요）→ 母音（体言）＋였습니다／였어요（○）

  子音（体言）＋이었습니다／이었어요（○）

1　次の単語の基本形を母音縮約に注意しながら丁寧語（最敬体・敬体・ぞんざい体）の過去形（－았 / 었）に直しなさい。

例　가다（行く）→ 갔습니다（行きました）→ 갔어요（行きました）→ 갔다（行った）

基本形	最敬体の過去形	敬体の過去形	ぞんざい体の過去形
달리다 （走る）	.... （走りました）	.... （走りました）	.... （走った）
생각나다 （思い出す）	.... （思い出しました）	.... （思い出しました）	.... （思い出した）
켜다 （つける）	.... （つけました）	.... （つけました）	.... （つけた）
울다 （泣く）	.... （泣きました）	.... （泣きました）	.... （泣いた）
앉다 （座る）	.... （座りました）	.... （座りました）	.... （座った）
있다 （いる・ある）	.... （いました・ありました）	.... （いました・ありました）	.... （いた・あった）

2　次の単語の基本形を母音縮約の例外に注意しながら丁寧語（最敬体・敬体・ぞんざい体）の過去形（－았 / 었）に直しなさい。

基本形	最敬体の過去形	敬体の過去形	ぞんざい体の過去形
하다 （する）	.... （しました）	.... （しました）	.... （した）

96

되다 （なる）	 .... （なりました）	 .... （なりました）	 .... （なった）
이다 （だ・である）	子音体言： 母音体言： （でした）	子音体言： 母音体言： （でした）	子音体言 母音体言： （だった・であった）

3 次の文章を丁寧語（ぞんざい体：ーㄴ다/는다）の過去形（ー았/었）に直しなさい。

① 식당에서 갈비를＿＿＿＿＿＿＿（먹다）.

（食堂でカルビを<u>食べた</u>。）

② 일본 친구에게 편지를 ＿＿＿＿＿＿＿（보내다）.

（日本の友人に手紙を<u>送った</u>。）

4 次の文章を丁寧語（ぞんざい体：ーㄴ다/는다）の過去形（ー았/었）に直し、日本語訳しなさい。

① 학교 앞에서 버스를 ＿＿＿＿＿＿（타다）.

（訳：＿＿＿＿＿＿＿＿＿＿＿＿＿＿＿＿＿＿＿＿＿。）

② 공원에서 사진을 ＿＿＿＿＿＿（찍다）.

（訳：＿＿＿＿＿＿＿＿＿＿＿＿＿＿＿＿＿＿＿＿＿。）

나는 해외 여행을 좋아한다.

한편 스포츠는 좋아하지 않는다.

수영은 전혀 할 수 없다.

그러나 축구는 할 수 있다.

>> 本文の日本語訳

僕は海外旅行が好きだ。

一方、スポーツは好きではない。

水泳は全くできない。

しかしサッカーはできる。

좋아한다 → ［조아한다］

않는다 → 안ㅎ + 는다 → ［안는다］

할 수 → ［할 쑤］〈濃音化〉

없다 → 업ㅅ + 다 → ［업따］〈濃音化〉

축구는 → ［축꾸는］〈濃音化〉

있다 → 잇ㅅ + 다 → ［읻따］〈濃音化〉

⟫ 学習ポイント

－을 / 를 좋아하다：－が好きだ

－지 않다：－ではない、－しない（後置否定）

－（ㄹ）을 수 있다：－することができる（可能）

－（ㄹ）을 수 없다：－することができない（不可能）

● 用言の否定形：－しない、－くない

・前置否定「안＋用言」

例 먹다（食べる）→안 먹다（食べない）→안 먹습니다.（食べません）

但し、－하다動詞は－하다の前に안を付ける。

例 식사하다（食事する）→ 식사 안 하다（食事しない）→식사 안 합니다（食事しません）

・後置否定「用言の語幹＋지 않다」

例 먹다（食べる）→먹지 않다（食べない）→먹지 않습니다（食べません）

但し、補助語幹「－겠」がある時は「않」の次に「－겠」を付ける。

例 먹겠다（食べる）→먹지 않겠다（食べない）→먹지 않겠습니다.（食べません）

● 可能・不可能

・用言語幹＋ㄹ / 을 수 있다：－することができる、－できる

例 가다（行く）→갈 수 있다（行くことができる、行ける）→갈 수 있습니다 / 갈 수 있어요.（行くことができます、行けます）

・用言語幹 ＋ ㄹ / 을 수 없다：－することができない、－できない

例 가다（行く）→ 갈 수 없다.（行くことができない、行けない）→갈 수 없습니다 / 갈 수 없어요（行くことができません、行けません）

否定・可能・不可能

● 못否定 （不可能）

① 前置：못＋用言

例 가다 （行く）：못 가다 （行けない） → 못 갑니다 / 못 가요 （行けません）

② 後置：用言の語幹지＋못 하다

例 가다（行く）：가지 못 하다（行けない）→가지 못 합니다 / 가지 못 해요（行けません）

練習問題

1 次の単語の基本形を前置否定 （最敬体：−ㅂ니다 / 습니다・ぞんざい体：−아요 / 어요）
と後置否定 （最敬体・ぞんざい体） に直しなさい。

例 오다（くる） → 안 옵니다（きません）・안 온다（こない） / 오지 않습니다（きません）・
오지않는다 （こない）

基本形	前置否定 （最敬体・ぞんざい体）		後置否定 （最敬体・ぞんざい体）	
두다 （置く）	（置きません）	（置かない）	（置きません）	（置かない）
만지다 （触る）	（触りません）	（触れない）	（触りません）	（触れない）
섞다 （混ぜる）	（混ぜません）	（混ぜない）	（混ぜません）	（混ぜない）
식사하다 （食事する）	（食事しません）	（食事しない）	（食事しません）	（食事しない）

---

2 次の単語の基本形を可能 （最敬体：−ㅂ니다 / 습니다・ぞんざい体：−아요 / 어요）
と不可能 （最敬体・ぞんざい体） に直しなさい。

例 오다（くる） → 올 수 있습니다（くることができます）・올 수 있다（くることができ
る） / 올 수 없습니다（くることができません）・올 수 없다（くることができない）

基本形	可能（最敬体・ぞんざい体）		不可能（最敬体・ぞんざい体）	
뛰다 （跳ぶ）	.... （跳ぶことができます）	.... （跳ぶことができる）	.... （跳ぶことができません）	.... （跳ぶことができない）
지우다 （消す）	.... （消すことができます）	.... （消すことができる）	.... （消すことができません）	.... （消すことができない）
찾다 （探す）	.... （探すことができます）	.... （探すことができる）	.... （探すことができません）	.... （探すことができない）
생각하다 （考える）	.... （考えることができます）	.... （考えることができる）	.... （考えることができません）	.... （考えることができない）

3 次の文章を丁寧語（ぞんざい体：－ㄴ다 / 는다）の前置否定の「안＋用言」と後置否定の「－지 않 는다 」を用いて完成しなさい。

① 일요일에는 학교에 ＿＿＿＿＿＿＿＿（ 가다 ）．→ 前置否定

（日曜日には学校に<u>行かない</u>。）

② 매일은 텔레비젼을 ＿＿＿＿＿＿＿＿（ 보다 ）．→ 後置否定

（毎日はテレビを<u>みない</u>。）

4 次の「－(ㄹ) 을 수 있다：－することができる」（可能）と「－(ㄹ) 을 수 없다：－することができない」（不可能）を用いて文章（丁寧語のぞんざい体）を完成し、日本語訳しなさい。

① 숙제를 월요일까지 ＿＿＿＿＿＿＿＿（ 마치다 ）．→ 可能

（訳：＿＿＿＿＿＿＿＿＿＿＿＿＿＿＿＿＿＿＿＿＿＿＿＿。 ）

② 나는 생선 요리를 ＿＿＿＿＿＿＿＿（ 먹다 ）．→ 不可能

（訳：＿＿＿＿＿＿＿＿＿＿＿＿＿＿＿＿＿＿＿＿＿＿＿＿。 ）

第17課 未来連体形

내일은 친구와 콘서트를 보러 간다.

친구와 만날 약속 장소는 정했다.

공연장에서 마실 음료수는 준비한다.

공연 후에는 기념품을 살 생각이다.

▶▶ 本文の日本語訳

明日は友人とコンサートをみに行く。

友人と会う約束の場所は決めた。

公演場で飲む飲み物は用意する。

公演の後は記念品を買うつもりだ。

≫ 本文の発音

내일은 → [내이른]

약속 → [약쏙] 〈濃音化〉

정했다 → [정핻따] 〈濃音化〉

음료수는 → [음뇨수는] 〈鼻音化〉

기념품을 → [기념푸믈]

생각이다 → [생가기다]

≫ 学習ポイント

－러 / 으러 가다 : －しに行く

≫ 文法

● 未来連体形（〈付録〉表３「連体形一覧表」参照）

品詞	未来	日本語訳（現在形）	例
動詞	・子音語幹＋을 ・母音語幹＋ㄹ ・ㄹ語幹　＋ㄹ （語幹のㄹは脱落）	－する	먹다(食べる)→먹을 하다(する)→할 놀다(遊ぶ)→놀
形容詞	・子音語幹＋을 ・母音語幹＋ㄹ ・ㄹ語幹　＋ㄹ （語幹のㄹは脱落）	－な、－い	높다(高い)→높을 싸다(安い)→쌀 길다(長い)→길
指定詞	ㄹ	である	이다(だ、である)→일
存在詞	을	ある・いる、 ない・いない	있다(ある・いる)→있을 없다(ない・いない)→없을

例 내일 　마실 　물을 　준비한다.
　　明日 　飲む 　水を 　用意する。

＊ 一部の－ㅂ다動詞の未来連体形は－울をつける（ㅂ変則）

例 돕다（手伝う）→ 도울、굽다（焼く）→ 구울

＊ －ㅂ다形容詞の未来連体形は－울をつける（ㅂ変則）

例 그립다（恋しい）→ 그리울

練習問題

1 下線の日本語の単語を参考にし、韓国語の未来連体形を書きなさい。

品詞	動詞	形容詞	指定詞	存在詞
日本語	明日<u>食べる</u>パン	<u>明るい</u>昼の時間	社会人<u>である</u>時	事務室に<u>いる</u>時
韓国語	내일 _____ （먹다）빵	_____ （밝다）낮시간	사회인 _____ （이다）때	사무실에_____ （있다）때

2 次の文章の中に未来連体形を書き入れなさい。

① 내일 _____ （만나다）장소는 미술관이다.

（明日、<u>会う</u>場所は美術館である。）

② 같이 등산을 _____ （가다）친구가 있다.

（一緒に登山に<u>行く</u>友人がいる。）

3 次の文章の中に未来連体形を書き入れ、日本語訳しなさい。

① 생일 파티에 _____ （오다）사람이 많다.

（訳 : _____ 。 ）

② 소풍 때 _____ （마시다）물을 산다.

（訳 : _____ 。 ）

◁ 松広寺僧宝殿

◁조계산 송광사 일주문
（曹渓山 松広寺 一柱門）

　所在地：全羅南道 順天市 松広面 松広寺アンキル 100
三宝寺院の中で高僧を輩出した「僧宝」寺刹である。
　一柱門の額には「曹渓山 大乗禅宋 松広寺」と記している。
＊ p49「韓国全図」を併せて参照

仏国寺 ▷

토함산 불국사 일주문 ▷
（吐含山 仏国寺 一柱門）

　所在地：慶尚北道 慶州市 仏国路 385
山号は記さず「仏国寺」という寺名だけの額である。仏国寺は 1995 年、世界文化遺産に指定
＊ p49「韓国全図」を併せて参照

18

　　나는 혼자서 열차 여행을 한다. 차창으로
보는 경치는 일상 생활과는 느낌이 다르다.
열차 안에서 먹는 도시락은 평소보다 맛있다.
여행에서의 경험은 새로운 활력을 준다.

≫ 本文の日本語訳

　　私は一人で列車旅行をする。車窓からみる景色は日常の生活とは感じが違う。列車の中で食べる弁当は普段より美味しい。旅行での経験は新たな活力をくれる。

≫ 本文の発音

일상 → [일쌍]〈濃音化〉

느낌이 → [느끼미]

안에서 → [아네서]

먹는 → [멍는]〈鼻音化〉

도시락은 → [도시라근]

맛있다 → 마싯ㅅ + 다 → [마싣따]〈濃音化〉

경험은 → [경허믄]

활력을 → [활녀글]〈流音化〉

≫ 学習ポイント

● 現在連体形（〈付録〉表 3「連体形一覧表」参照）

品詞	現在	日本語訳（現在形、又は現在進行形）	例
動詞	・子音／母音語幹＋는 ・ㄹ語幹 ＋는 （語幹のㄹは脱落）	－する、－ている	먹다(食べる)→먹는 하다(する)→하는 놀다(遊ぶ)→노는
形容詞	・子音語幹＋은 ・母音語幹＋ㄴ ・ㄹ語幹 ＋ㄴ （語幹のㄹは脱落）	－な、－い	높다(高い)→높은 싸다(安い)→싼 길다(長い)→긴
指定詞	ㄴ	－である	이다(だ、である)→인
存在詞	는	ある・いる、 ない・いない	있다(ある・いる)→있는 없다(ない・いない)→없는

例 빵을　┌ 먹는 ┐　학생이 많다.
　　パンを │ 食べる │　学生は 多い。
　　　　　└ 食べている ┘

* －ㅂ다形容詞の現在連体形は－운をつける（ㅂ変則）

例 그립다（恋しい）→ 그리운

● 授受動詞：주다

① あげる

　　例 고양이에게 먹이를 준다. (猫に餌をあげる)

② くれる

　　例 음악은 우리에게 감동을 준다. (音楽は私たちに感動をくれる)

練習問題

1 下線の日本語の単語を参考にし、韓国語の現在連体形を書きなさい。

品詞	動詞	形容詞	指定詞	存在詞
日本語	寝る空間	狭い居間	中学生である人	運動場にいる選手
韓国語	＿＿＿＿＿ (자다) 공간	＿＿＿＿＿ (좁다) 거실	중학생＿＿＿＿＿ (이다) 사람	운동장에＿＿＿＿＿ (있다) 선수

2 次の文章の中に現在連体形を書き入れなさい。

① 식사 후 커피를＿＿＿＿＿＿＿＿ (마시다) 사람이 많다.

　　(食事の後、コーヒーを飲む人が多い。)

② 도로의 쓰레기를 ＿＿＿＿＿＿＿＿ (줍다) 사람이 있다.

　　(道路のごみを拾う人がいる。)

3 次の文章の中に現在連体形を書き入れ、日本語訳しなさい。

① 관광지에＿＿＿＿＿＿＿＿ (가다) 길이 자동차로 붐빈다.

　　(訳：＿＿＿＿＿＿＿＿＿＿＿＿＿＿＿＿＿＿＿＿＿＿ 。)

② 아침에 ＿＿＿＿＿＿＿＿ (걷다) 습관은 몸에 좋다.

　　(訳：＿＿＿＿＿＿＿＿＿＿＿＿＿＿＿＿＿＿＿＿＿＿ 。)

◁ 法住寺捌相殿

◁ 속리산 법주사 일주문
（俗離山 法住寺 一柱門）

所在地：忠清北道 報恩郡 俗離山面 法住寺路 405
山号及び寺名を記さず「湖西第一伽藍」という額である。
＊ p49「韓国全図」を併せて参照

月精寺寂光殿 ▷

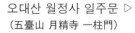

오대산 월정사 일주문 ▷
（五臺山 月精寺 一柱門）

所在地：江原道 平昌郡 珍富面 五臺山路 374-8
山号は記さず寺名の「月精大伽藍」という額である。
＊ p49「韓国全図」を併せて参照

第 19 課 過去連体形

외국에서 온 유학생과 함께 시간을 보냈다.

하루 종일 유학생에게 한국 문화를 소개했다.

나도 일본에 유학을 한 적이 있다.

일본에서 배운 것이 기억에 남는다.

▶▶ 本文の日本語訳

外国からきた留学生と一緒に時間を過ごした。

一日中、留学生に韓国文化を紹介した。

僕も日本に留学をしたことがある。

日本で学んだことが記憶に残る。

>> 本文の発音

외국에서 → [외구게서]

유학생과 → [유학쌩과] 〈濃音化〉

시간을 → [시가늘]

보냈다 → 보냈ㅅ+다 → [보낻따] 〈濃音化〉

소개했다 → 소개햇ㅅ+다 → [소개핻따] 〈濃音化〉

일본에 → [일보네]

유학을 → [유하글]

적이 → [저기]

있다 → 잇ㅅ+다 → [읻따] 〈濃音化〉

일본에서 → [일보네서]

것이 → [거시]

기억에 → [기어게]

>> 学習ポイント

– (ㄴ) 은 적이 있다 : – したことがある

것 : こと、もの、の、わけ（形式名詞）

● 過去連体形（〈付録〉表３「連体形一覧表」参照）

品詞	過去	日本語訳 （過去形）	例
動詞	・子音語幹＋은 ・母音語幹＋ㄴ ・ㄹ語幹　＋ㄴ 　（語幹のㄹは脱落）	– した	먹다(食べる)→먹은 하다(する)→한 놀다(遊ぶ)→논
形容詞	던	– だった – かった	높다(高い)→높던、싸다(安い)→싸 던、길다(長い)→길던
指定詞	던	– であった	이다(だ・である)→이던
存在詞	은	あった・いた なかった、 いなかった	있다(ある・いる)→있은 없다(ない・いない)→없은

例 어제 ┆ 배운 ┆ 내용을 복습한다.
　　 昨日 ┆ 学んだ ┆ 内容を　復習する。

＊ 一部の－ㅂ다動詞の過去連体形は－운をつける（ㅂ変則）

例 돕다（手伝う）→ 도운、굽다（焼く）→ 구운

練習問題

1 下線の日本語の単語を参考にし、韓国語の過去連体形を書きなさい。

品詞	動詞	形容詞	指定詞	存在詞
日本語	昨日<u>もらった</u>プレゼント	湖が<u>広かった</u>公園	公務員<u>であった</u>時	ホテルに<u>いた</u>外国人
韓国語	어제＿＿＿＿（받다）선물	호수가＿＿＿＿（넓다）공원	공무원＿＿＿＿（이다）때	호텔에＿＿＿＿（있다）외국인

2 次の文章の中に過去連体形を書き入れなさい。

① 한국에서＿＿＿＿＿＿＿＿＿＿（사다）가방은 색이 검다.

（韓国で<u>買った</u>カバンは色が黒い。）

② 밖에서＿＿＿＿＿＿＿＿＿＿（입다）옷은 더럽다.

（外で<u>着た</u>服は汚い。）

3 次の文章の中に過去連体形を書き入れ、日本語訳しなさい。

① 집에서 ＿＿＿＿＿＿＿＿＿＿＿（가져오다）우산이다.

（家から<u>もってきた</u>傘である。）

② 며칠 전에＿＿＿＿＿＿＿＿＿＿（찾다）책의 내용이 기억에 남는다.

（訳：＿＿＿＿＿＿＿＿＿＿＿＿＿＿＿＿＿＿＿＿＿＿＿＿＿＿＿。）

112

4 次の「−(ㄴ) 은 적이 있다：−したことがある」を用いて文章（丁寧語のぞんざい体）を完成させ、日本語訳しなさい。

① 한국에 여행을＿＿＿＿＿＿＿＿＿＿＿＿＿＿＿＿＿（하다）.

（韓国に旅行を<u>したことがある</u>。）

② 그 신문 기사는＿＿＿＿＿＿＿＿＿＿＿＿＿＿＿（읽다）.

（訳：＿＿＿＿＿＿＿＿＿＿＿＿＿＿＿＿＿＿＿。）

창의문（彰義門）

所在地：ソウル特別市 鐘路区 彰義門路 118
朝鮮時代の太祖 5（1396）年に建立した城門
2015 年、韓国の宝物に指定
＊p7「ソウルの区地図」・p56「ソウルの城郭図」・p57「都城コラム」を併せて参照

第 **20** 課　回想・大過去

　　나는 한국에 유학을 했다. 유학 중에 배웠던 한국 문화를 일본 사회에 소개하려고 한다. 한국에서 먹었던 음식은 직접 요리를 해서 먹고 싶다. 계속해서 한국 친구와 연락도 하고 있다.

>> **本文の日本語訳**

　　僕は韓国に留学をした。留学中に学んだ韓国文化を日本社会に紹介しようと思う。韓国で食べた食べ物（料理）は直接料理をして食べたい。引き続き韓国の友人と連絡もしている。

➤➤ 本文の発音

한국에 → [한구게]

유학을 → [유하글]

했다 → 했ㅅ + 다 → [핻따] 〈濃音化〉

배웠던 → 배윗ㅅ + 던 → [배윋떤] 〈濃音化〉

한국에서 → [한구게서]

먹었던 → 머것ㅅ + 던 → [머걷떤] 〈濃音化〉

음식은 → [음시근]

직접 → [직쩝] 〈濃音化〉

먹고 → [먹꼬] 〈濃音化〉

싶다 → [십따] 〈濃音化〉

계속해서 → [계소케서] 〈激音化〉

연락도 → [열락또] 〈流音化・濃音化〉

있다 → 잇ㅅ + 다 → [읻따] 〈濃音化〉

➤➤ 学習ポイント

-려고 / 으려고 하다 : -しようとする、-しようと思う

-고 싶다 : -したい（希望）

-고 있다 : -ている（進行形）

● 回想・大過去（〈付録〉表 3「連体形一覧表」参照）

品詞	回想・大過去	日本語訳 （過去形、-ていた）	例
動詞	던・았던 / 었던、 았었던 / 었었던	-した、 -していた	먹다 (食べる)→먹던・먹었던、 먹었었던
形容詞	았던 / 었던・ 았었던 / 었었던	-かった、 -だった	길다 (長い)→길었던・ 길었었던
指定詞	었던 / 였던・ 었었던 / 였었던	-であった	이다 (だ、である)→이었던 / 였던・ 이었었던 / 였었던
存在詞	던・었던、 었었던	あった / いた なかった / いなかった	있다 (ある・いる)→있던・ 있었던、있었었던

例 학생 때　자주　┌─────┐ 서점이다.
　　　　　　　　│갔던　│
　学生の時　よく│行った│　書店である。
　　　　　　　　│行っていた│
　　　　　　　　└─────┘

＊ －ㅂ다形容詞の回想・大過去は－웠던、왔던をつける

例 그립다 (恋しい) → 그리웠던、곱다 (美しい) →고왔던

練習問題

1　次の文章の中に回想、大過去を書き入れなさい。

① 그곳은 십 년 전에＿＿＿＿＿＿＿（살다）동네다.　→ 回想

(そこは 10 年前に住んだ（住んでいた）町だ。)

② 지난 주에＿＿＿＿＿＿＿（학습하다）내용은 외운다.　→ 大過去

(先週に学習していた内容は覚える。)

2　次の「－려고 / 으려고 하다：－しようとする、－しようと思う」と「－고 있다：－ている」を用いて文章（丁寧語のぞんざい体）を完成させなさい。

① 오후에는 영화관에 ＿＿＿＿＿＿＿＿＿＿＿（가다）.

(午後には映画館に行こうと思う。)

② 나는 한국어를＿＿＿＿＿＿＿＿＿＿＿（배우다）.

(僕は韓国語を習っている。)

21
3　辞書を引きながら、次の文章を日本語訳しなさい

외국에서 살았던 것은 귀중한 경험이다. 외국에서의 생활은 언어 뿐만 아니라 직접 상대방의 문화까지 배울 수 있기 때문이다.

◁ 梵魚寺大雄殿

◁ 금정산 범어사 일주문
（金井山 梵魚寺 一柱門）

所在地：釜山広域市 金井区 梵魚寺路250
＊p49を併せて参照

桐華寺大雄殿 ▷

팔공산 동화사 일주문 ▷
（八公山 桐華寺 一柱門）

所在地：大邱広域市 東区 桐華寺キル1
額には「八公山 桐華寺 鳳凰門」とある。
＊p49「韓国全図」を併せて参照

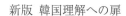

第 21 課　紹介・引用

　　한국어와 일본어는 아주 흡사하다. 어순이 같고 문법도 비슷하다. 특히 한자어의 대부분은 같은 단어를 쓴다. 따라서 한국어는 일본인 학습자가 배우기 쉬운 언어라고 할 수 있다.

▶▶本文の日本語訳

　　韓国語と日本語はとても類似している。語順が同じで文法も似ている。特に漢字語の大部分は同じ単語を使う。したがって、韓国語は日本人学習者が学びやすい言語と言うことができる。

≫ 本文の発音

한국어와 → [한구거와]

일본어는 → [일보너는]

흡사하다 → [흡싸하다] 〈濃音化〉

어순이 → [어수니]

같고 → [갇꼬] 〈濃音化〉

문법도 → [문뻡또] 〈濃音化〉

비슷하다 →비슫하다 → [비스타다] 〈激音化〉

특히 → [트키] 〈激音化〉

한자어의 → [한짜어의]・[한짜어에] 〈濃音化〉

대부분은 → [대부부는]

같은 → [가튼]

단어를 → [다너를]

한국어는 → [한구거는]

일본인 → [일보닌]

학습자가 → [학씁짜가] 〈濃音化〉

언어라고 → [어너라고]

할 수 있다 → 할 쑤 잇ㅅ+다 → [할 쑤 읻따] 〈濃音化〉

≫ 学習ポイント

－고 : －て（羅列）

－라고 / 이라고 하다 : －という、－とする（紹介・引用）

－을 (ㄹ) 수 있다 : －することができる（可能）

－기 쉽다 : －しやすい

배우기 : 배우다 → 배우+기（用言の名詞形）

쉬운 : 쉽다 → 쉽+운（ㅂ が脱落）→ 쉬운（ㅂ 変則）（現在連体形）

불두화（仏頭花）

1 次の「−라고 / 이라고 하다：−という、−とする」を用いて文章（丁寧語のぞんざい体）を完成させ、日本語訳しなさい。

① 그것은 김치 냉장고＿＿＿＿＿＿＿＿＿＿（−라고 / 이라고 하다）.

（それはキムチ冷蔵庫という。）

② 저 옷은 한복＿＿＿＿＿＿＿＿＿＿（−라고 / 이라고 하다）.

（訳：＿＿＿＿＿＿＿＿＿＿＿＿＿＿＿＿。）

2 次の「−기 쉽다：−しやすい」を用いて文章（丁寧語のぞんざい体）を完成させ、日本語訳しなさい。

① 한국어 단어는 ＿＿＿＿＿＿＿＿＿＿（외우다）.

（韓国語の単語は覚えやすい。）

② 서울의 지하철은＿＿＿＿＿＿＿＿＿＿（이용하다）.

（訳：＿＿＿＿＿＿＿＿＿＿＿＿＿＿＿＿＿。）

23
3 辞書を引きながら、次の文章を日本語訳しなさい。

　언어 공부는 매일 조금씩 꾸준하게 반복하는 것이 중요하다. 또 학습한 내용을 복습하면 더욱 실력을 늘일 수 있다.

2 イヌ肉のコラム

　暑い夏は食欲が低下して体調を崩しやすい季節でもある。この暑い季節を乗り切るため、国によってそれぞれ体力を維持したり、弱った体の元気を取り戻したりするための独特な食物が存在するものである。韓国も例外ではなく、夏の最も暑い「三伏（初伏・中伏・末伏）」（24節季の名称をとって大暑・小暑とも言う）という時期に、よく動物性蛋白質を補充する。

　動物性蛋白質といっても、この時期、草食動物の肉は、草の臭みがするとのことで韓国人には避けられる傾向にある。このため、一般的に雑食性動物の蛋白質を摂取するのだが、その代表的な料理こそ「参鶏湯」・「補身湯」である。前者は若鳥の内臓を取り出して、その中に餅米・朝鮮人参・棗などを詰めて煮込むものであり、日本の方々にもよく知られた料理である。後者は煮込んだイヌの肉に様々な野菜を入れる具だくさんのスープである。

　ところで、1988年のソウルオリンピックの広報が盛んだった頃、この「補身湯」に対してヨーロッパの愛犬家たちから批判があり、韓国ではちょっとした騒ぎにまで発展したことがある。そのきっかけは、ヨーロッパのあるテレビ局が、「補身湯」を皮肉る次のような内容の番組を流したことがあった。韓国で愛犬連れの飼い主が食堂で料理を頼んだところ、自分の連れてきた愛犬が「補身湯」にして出されたというわけだ。これをうけて、韓国では大通りに面していた「補身湯」食堂を裏通りに移したり、その名も「補身湯」から「四季湯（サチョルタン）」へ変えたりする騒ぎが起こったのである。

　今はともかく、古い文献によると、確かに東アジアの諸国ではイヌの肉を食用にしていたと記されている。しかし、当時、東アジアの人々が食用にしていたイヌの肉とは、「狗肉」のことであり、愛犬家の飼っている「ペット」を屠った「犬肉」のことではない。韓国における「補身湯」も、実はその「狗肉」が素材なのである。

　「狗肉」は、今の日本人にはなじみが薄かろうが、「羊頭狗肉」という故事成語をあげれば、お気づきの方も多かろう。つまり、羊の頭を看板に出しながら、実際には「狗肉」を売るというあのお話である。ここで店頭に出されていた商売用の「狗肉」とは紛れもない食用なのである。

　もともと「狗」とは、小柄な「犬」と異なり、体重が60〜70kgにものぼるという大型の動物である。要するに、イヌには「犬」と「狗」があって、食用に供されるのは「狗肉」の方であることを知っておく必要がある。したがって、先ほど紹介したヨーロッパのテレビ番組は、「犬」と「狗」を同一視する誤解を犯しているといえよう。

　グローバル化時代の到来によって、我々は国境を越えて、諸外国の人々と活発な交流を行い、「異文化理解」という言葉を盛んに口にするようになった。こんな交流の中で、世界の人々は、時には様々な食材を用いて食用に供したり、またある時には、普遍的な食材を食べなかったりすることもあるのを忘れてはいけない。例えば、ある地域の人々が「ゴキブリ」を食用にする一方で、別の地域の人間は美味しい焼き肉を連想させる「牛肉」を食べないのである。

　以上、述べてきたことを通して、ある一つの食が、文化として定着するまでの経緯を正確に把握・理解する過程を省いて、自分の物差しのみで相手の事を裁くのは、真の「異文化理解」には繋がらないと思うのである。

「韓国の食文化－食材をめぐる異文化理解－」（『教育タイムス』、教育タイムス株式会社、2004年8月11日）

紹介・引用

第 **22** 課 原因・理由・禁止

어떤 문화가 성립되기까지는 복잡한 과정을 거친다. 즉, 정치, 종교, 자연 환경 등의 조건에 맞춰서 문화가 정착된다. 따라서 이문화(異文化)는 그 성립 배경을 이해하는 것이 필요하다. 자문화(自文化)의 가치 기준으로 판단을 하면 안 된다.

≫ 本文の日本語訳

ある文化が成立するまでは複雑な過程を経る。すなわち、政治、宗教、自然環境などの条件に合わせて文化が定着する。したがって、異文化はその成立の背景を理解することが必要である。自文化の価値基準で判断をしたらいけない。

성립되기까지는 → [성닙되기까지는] 〈鼻音化〉

복잡한 → [복짜판] 〈濃音化・鼻音化〉

조건에 → [조꺼네] 〈濃音化〉

맞춰 → [맏춰]

것이 → [거시]

필요하다 → [피료하다]

기준으로 → [기주느기]

▶▶ 学習ポイント

－아서 / 어서 : －して、－くて、－ので（原因・理由）

성립되기 : 성립되다 → 성립되 ＋ 기（用言の名詞形）

것 : こと、もの、の、わけ（形式名詞）

－면 / 으면 : －たら、－なら、－ば、－と

－면 / 으면 안 되다 : －したらいけない（禁止）

● 用言語幹＋아서 / 어서 : －して、－から、－ので、－くて

① 先行動作：시장에 가서 과일을 샀어요.

（市場に行って果物を買いました）

② 原因、理由、根拠：요즘 피곤해서 일찍 일어나지 못 해요.

（最近疲れているので、早く起きられません）

● 間の ㅅ（사이시옷）を付けるケース

① 固有語の合成語で前の単語が母音で終わる時

例 고춧가루（唐辛子の粉）

② 固有語と漢字語の合成語で前の単語が母音で終わる時

例 콧병（鼻の病気）

③ 二つの音節の漢字語

例 숫자（数字）

22

原因・理由・禁止

1 次の「−아서 / 어서 : −して、−くて、−ので」を用いて文章を完成させ、日本語訳しなさい。

① 방 안이 _____ (밝다) 기분도 좋다 .

(部屋の中が<u>明るくて</u>気分も良い。)

② 아이스크림을 많이 _____ (먹다) 배가 아프다 .

(訳 : _____。)

2 次の「−면 / 으면 안 되다 : −したらいけない」を用いて文章 (丁寧語のぞんざい体) を完成させ、日本語訳しなさい。

① 수업시간에 _____ (떠들다).

(授業時間に<u>騒いだらいけない</u>。)

② 도서관에서는 휴대 전화로 통화를_____ (하다).

(訳 : _____。)

25
3 辞書を引きながら、次の文章を日本語訳しなさい。

　한국 사회에서는 대체로 손윗 사람 앞에서는 담배를 피우지 않는다 . 손윗 사람 앞에서 담배를 피우면 실례가 된다 .

* 손윗 사람 : 目上の人 、年長者

　文化に関することを論ずる際、いつも立証が難しいという問題に直面します。なぜなら、文化というのは、ある意図を持って移植しない限り、その発生・融合・変遷などが自然、かつ偶発的な側面が強いためと言えます。したがって、説得力のある論を導くためには、諸事情や諸条件を総合的、かつ論理的に考えないといけないのです。

　その一例として、韓国社会で雨が降る日、「雨が降るからチヂミを焼いて食べようか」という話を取り上げることができます。韓国のチヂミ（찌짐, 전, 부침개）とは、「日本のお好み焼きのようなもの」と理解して差し支えがないでしょう。その材料は、日本における揚げ物の材料のように多種多様ですが、ニラやネギがよく使われ、焼いて食べるには手間がかかる料理です。

　この雨とチヂミに関する話は、農業が社会の経済を支えていた時代、つまり農業社会ではよく耳にすることがありました。しかし、今の時代でも日本におけるBSフジの番組（2012年）「巡 韓国」（第8回 宝物に満ちた海港 釜山）で確認ができます。特に「巡 韓国」の映像の中では、東莱のネギチヂミ（파전）は「雨が降ると食べたくなる」、また「雨が降ると思い出す」という形で表現されています。

　ところで、雨やチヂミは時代によって、その位置づけか異なるため、時期を明確に区切って論ずる必要があると考えます。本稿は、近代国民国家成立期以降、産業社会に移行する前段階までの期間、すなわち農業社会を前提としています。時代によって雨とチヂミに関する認識の相違があることについては、稿を改めて述べることにします。

　では、農業が社会の経済を支えていた韓国社会では、なぜ雨が降ったらチヂミを焼いて食べたり、思い出したりするのでしょうか。この疑問を解き明かすためには、農業社会における天気・休日・労働形態などを総合的に考える必要があるでしょう。

　農業社会における農作業には多くの人手を必要とし、ほとんど家族総出で農業を営んでいました。それに加えて晴れの日には、いつも畑や田んぼに出て農作業に明け暮れます。農繁期には、猫の手も借りたいほど忙しく、連休も日曜日もない労働の日が続きます。このような状況のもとでは、手間のかかるチヂミを食べたくても農作業に追われて簡単には食べられません。その中でも唯一の安息日、つまり手間のかかる料理ができる日がありました。それが雨の降る日でした。雨が降ると、農作業ができず、家にいられるため、時間をかけてチヂミを焼いて食べることができるのです。そこで、雨が降る日にチヂミを焼いて食べるという話が生まれたと思われます。

　ところで、ほとんどの農作業というのは雨が降ると中止しますが、田植えの時だけは雨の中でも蓑（ミノ）をかけて農作業をします。田植えは、その時期がずれると収穫に影響してしまいます。なお、田植えは大人数を必要とする作業であるため、隣近所が家ごとに順番を決めて「結い（家相互間で双務的に力を貸し合う労働慣行）」で共同の農作業を行いますので、延期はその後の作業に混乱を引き起こします。したがって、この田植えだけは雨と関係なく農作業を続行するのです。

　このように、韓国語の中で雨の日とチヂミが関連しているのは、農業社会の環境のもと、天気・休日・労働形態から作り出されて定着した話だと言えます。グローバル化時代の今でも、話の中で雨とチヂミが語られていますが、それは農業社会に形成された文化の名残でしょう。

「言葉に見る韓国文化の一端 ―雨の日とチヂミ―」（『Zephyr（ゼフィール・にしかぜ）』58号、甲南大学国際言語文化センター、2014年7月）

第 23 課　仮定・根拠

한국 사회에서는 버스나 지하철을 타면 대체로 노인은 좌석에 앉을 수 있다. 그 이유는 젊은이가 노인에게 좌석을 양보하기 때문이다. 이 현상은 유교(儒教)의 장유유서(長幼有序)의 영향이라고 할 수 있다. 한국 사회에는 아직도 유교적 사상이 남아 있다.

▶▶本文の日本語訳

　　韓国社会ではバスや地下鉄に乗れば、ほとんど老人は席に座ることができる。その理由は若者が老人に座席を譲歩するためである。この現象は儒教の「長幼の序」の影響であると言うことができる。韓国社会では未だに儒教的思想が残っている。

＊儒教：孔子を始祖とする思考や信仰の体系で東アジアの各国に強い影響を与えている。特に韓国では儒教文化が深く浸透しており、現在でも生活の中に色濃く残っている。

＊長幼の序：年長者と年少者との間にある秩序、つまり年長者と年少者との間で守るべき順序関係のことである。

≫ 本文の発音

지하철을 → [지하처를]

노인은 → [노이는]

좌석에 → [좌서게]

앉을 수 → [안즐 쑤] 〈濃音化〉

있다 → [읻따] 〈濃音化〉

젊은이가 → [절므니가]

할 수 → [할 쑤] 〈濃音化〉

아직도 → [아직또] 〈濃音化〉

남아 → [나마]

≫ 学習ポイント

- 면 / 으면 : −たら、−なら、−ば（仮定）

- (ㄹ) 을수 있다 : −することができる（可能）

- 기 때문이다 : −ためである、−からである（根拠）

- 아 / 어 있다 : −ている、−てある（状態）

혜화문（恵化門）

所在地：ソウル特別市 鐘路区 昌慶宮路 307
朝鮮時代の太祖 5（1396）年に建立した城門
＊ p7「ソウルの区地図」・p56「ソウルの城郭図」・p57「都城コラム」
　を併せて参照

1 次の「−면 / 으면 : −たら、−なら、−ば、−と」を用いて２つの文章をつなぎ、
１つの文章（丁寧語のぞんざい体）に完成させ、日本語訳しなさい。

① 비가 내린다（雨が降る）/ 시합은 중지한다（試合は中止する）

（連結文章 : 비가＿＿＿＿＿＿＿＿＿＿（내리다）시합은 중지한다 .）

（訳 : 雨が<u>降ったら</u>試合は中止する。）

② 여행을 간다（旅行に行く）/ 그 지방의 음식을 먹는다（その地方の
料理を食べる）

（連結文章 : 여행을 ＿＿＿＿＿＿＿（가다）그 지방의 음식을 먹는다 .）

（訳 : ＿＿＿＿＿＿＿＿＿＿＿＿＿＿＿＿＿＿＿＿＿＿＿。 ）

2 次の「現在連体形」、「可能」、「−기 때문이다 : −ためである、−からである」、
「−라고 / 이라고 하다 : −という、−とする」を用いた文章を日本語訳しなさい。

① 한국에 여행을 가는 이유는 맛있는 요리를 먹을 수 있기 때문이
라고 한다 .

（訳 : ＿＿＿＿＿＿＿＿＿＿＿＿＿＿＿＿＿＿＿＿＿＿。 ）

27
3 辞書を引きながら、次の文章を日本語訳しなさい。

한국에서는 생일에 미역국을 먹는 풍습이 있다 . 한편 시험을 앞두
면 미역국은 먹지 않는다.

一般的に人間は異文化に接した時、日頃、自分が営む生活、価値観、行動様式とその形態が異なると、敬遠したり、反対に好奇心をもったりと両極端の反応を見せます。つまり裏を返せば、その文化が自分を取り巻く環境とほぼ同じであれば、同一のものとして見なし、あまり興味を示さないし、記憶に留めることもほとんどないわけです。

これらの反応は、日本の人々が韓国の人々やその文化に接したときにも起こると言えます。様々な場面において、韓国の文化と日本の文化の違う点に気付いて、親近感をもって韓国のパターンを受け入れれば、礼儀正しい人になります。逆に、相違点を無視して敬遠し、日本流を押し通せば、場合によっては行儀の悪い、マナーのない、可笑しい人と見なされるでしょう。国境を越えて人々の移動が激しいグローバル化時代の今、日本の人が韓国へ行き、韓国人と出会って食事を共にする機会も多くなっています。そこで、様々な礼儀作法の中でも食事をめぐる作法を取りあげるのが役立つのではないかと思い、以下では日韓交流において、日本人が違和感を感じうる韓国人の食事作法を中心に紹介していくことにします。

韓国では、未だに社会に儒教的な価値観が根強く残っており、食事をする時も年齢による順番があります。これは儒教の教えにある五倫の中の1つ「長幼有序」、つまり何をするにも年長者を年少者より優先する「長幼の序」が守られているのです。年長者と一緒に食卓についたとき、まず年長者が食具（箸や匙）を手にとって食べ始めることで、全員が食事をスタートします。この食卓には少し畏まった雰囲気が漂うため、年長者は年少者に配慮し、食べたらすぐ席を外すという光景も度々見られます。

一方、人と一緒に外食をする場合、相手に対し食べる前に「いただきます」と言うと、「ごちそうになります、私は食事代を払いません」という意味になります。ちなみに、韓国では一般的に、レストランで店主やシェフに「ごちそうさま」、「ごちそうさまでした」とは言わないです。

しかし、他の家庭に招待された時や、外食をするにしても、人にご馳走になることが決まっている場合などは、主催者に「いただきます」や、「ごちそうさまでした」と言わなければ、失礼になるということも知っておく必要があると思います。日本とは「いただきます」、「ごちそうさまでした」を使う場面が少し違うところに注意する必要があります。

お酒を飲むとき、気を遣う年長者、例えば祖父・父・勤務先の上司などの前では、真正面ではなく、向きを替えて顔をそらして飲みます。また、年長者からお酒を注いでもらっても、即座に飲むのではなく、遠慮しつつ、少しずつ口にするなど、勢いよく飲みません。また、年少者は年長者からお酒を注いでもらう際も、年長者に注ぐ際も、片手ではなく、両手で行います。

韓国では茶碗やお椀は手にとって食べず、食卓においたまま食べます。日本でのように、手にとって食べると、「行儀が悪い」と見なされます。茶碗やお椀を手にとらずに食べるのは、匙を使うからです。ちなみに、韓国では匙と箸を併用しますが、主に使うのは匙です。そのため、「○○국（グック）」（汁）・「○○湯」・「○○찌개（チゲ）」（鍋）など汁気の食べ物が発達しています。一方、汁気のない食べ物は箸で食べますが、いずれも直箸や直匙が基本です。最近、韓国でも一部の食堂では、日本のように取り箸や取り皿を提供してくれますが、これはグローバル化時代の影響だと思われます。

そして、日本では麺類を食べるとき、「ズルズル」と音を立てることに、場合によっては美味しいという意味合いが込められますが、韓国ではマナーが良くないことと見なされます。なお、韓国の食事では食べきれないほどたくさんのおかずを並べますが、これは「食べ残す文化」による習慣と言えます。例えば、韓国の食堂に行って食事をすると、食べきれないほどのおかずが出された後で、メインメニューが出されますが、これは残すのを前提に提供しているのです。日本では食べ残さないのが礼儀と言えますが、韓国では全部平らげると、もてなしの食べ物が足りなかったという意味に捉えるのです。

「日常生活にみる韓国人の礼儀作法—食事作法を中心に—」（『Zephyr（ゼフィール・にしかぜ）』47号、甲南大学国際言語文化センター、2010年12月）より抜粋

第24課 動作の時点

28

한국인은 식사를 할 때, 연장자(年長者)가 먹기 전에 먼저 먹지 않는다. 술은 연장자를 향해서 마시지 않는다. 얼굴이나 몸의 방향을 조금 틀어서 마신다. 술잔도 두 손으로 받는다.

≫本文の日本語訳

　韓国人は食事をする時、年長者が食べる前に、先に食べない。酒は年長者のほうを向いて飲まない。顔や体の向きを少しそむけて飲む。盃も両手でもらう。

>> 本文の発音

한국인이 → [한구기니]

먹기 → [먹끼] 〈濃音化〉

식사를 → [식싸를] 〈濃音化〉

전에 → [저네]

먹지 → [먹찌] 〈濃音化〉

않는다 → [안는다]

술은 → [수른]

얼굴이나 → [얼구리나]

몸의 → [모믜]・[모메]

틀어서 → [트러서]

술잔도 → [술짠도] 〈濃音化〉

손으로 → [소느로]

받는다 → [반는다] 〈鼻音化〉

>> 学習ポイント

−ㄹ / 을 때 : −する時（動作の時点）

−기 전에 : −する前に（動作の時点）

−지 않다 : −ではない、−しない（後置否定）

−아서 / 어서 : −して、−くて、−ので

경희궁 숭정문（慶熙宮 崇政門）

所在地：ソウル特別市 鐘路区 セムンアン路45
1963年、韓国の宝物に指定
＊p7「ソウルの区地図」・p56「ソウルの城郭図」を併せて参照

1　次の「－ㄹ/을 때：－する時」を用いて文章を完成させ、日本語訳しなさい。

① 동생이 책을＿＿＿＿＿＿＿（읽다）어머니는 요리를 한다.

（弟が本を<u>読む時</u>母は料理をする。）

② 학교에＿＿＿＿＿＿＿（가다）자전거를 탄다.

（訳：＿＿＿＿＿＿＿＿＿＿＿＿＿＿＿＿＿＿＿＿＿＿＿＿。）

2　次の「－기 전에：－する前に」を用いて文章を完成させ、日本語訳しなさい。

① 나는 ＿＿＿＿＿＿＿＿＿（자다）반드시 일기를 쓴다.

（僕は<u>寝る前に</u>必ず日記を書く。）

② 밥을＿＿＿＿＿＿＿＿＿（먹다）손을 씻는다.

（訳：＿＿＿＿＿＿＿＿＿＿＿＿＿＿＿＿＿＿＿＿＿＿＿＿。）

29
◀)) 3　辞書を引きながら、次の文章を日本語訳しなさい。

　한국인의 식탁에는 항상 김치가 오른다. 따라서 한국 음식은 맵다고 생각하기 쉽지만, 한국 음식은 맵지 않는 것이 많다.

◁ 浮石寺無量寿殿

◁ 태백산 부석사 일주문
（太白山 浮石寺 一柱門）

所在地：慶尚北道 栄州市 浮石面 浮石寺路345
＊ p49「韓国全図」を併せて参照

金山寺弥勒殿 ▷

모악산 금산사 일주문 ▷
（母岳山 金山寺 一柱門）

所在地：全羅北道 金堤市 金山面 母岳15 キル1
＊ p49「韓国全図」を併せて参照

30

　　한국의 식탁에는 숟가락과 젓가락이 놓여 있다. 한국인은 식사를 할 때 숟가락과 젓가락을 쓴다. 밥그릇과 국그릇은 식탁에 놓고 먹는다. 식탁에서 숟가락이 주역이고, 젓가락은 보조 역할을 한다.

≫ 本文の日本語訳

　　韓国の食卓にはスプーン（匙）と箸が置かれている。韓国人は食事をする時、スプーンと箸を使う。茶碗とお椀は食卓に置いて食べる。食卓ではスプーンが主役であり、箸は補助の役割を果たす。

≫ 本文の発音

한국의 → [한구긔]・[한구게]

식탁에는 → [식타게는]

숟가락과 → [숟까락꽈] 〈濃音化〉

젓가락이 → [젇까라기] 〈濃音化〉

놓여 → [노여]

있다 → [읻따] 〈濃音化〉

한국인은 → [한구기는]

식사를 → [식싸를] 〈濃音化〉

젓가락을 → [젇까라글] 〈濃音化〉

밥그릇과 → [밥끄륻꽈] 〈濃音化〉

국그릇은 → [국끄르슨] 〈濃音化〉

식탁에 → [식타게]

놓고 → [노코] 〈激音化〉

먹는다 → [멍는다] 〈鼻音化〉

주역이고 → [주여기고]

역할을 → [여카를] 〈激音化〉

≫ 学習ポイント

－아 / 어 있다：－ている、－てある（状態）

－ㄹ / 을 때：－する時

－고：－て、－で（羅列）

연꽃（蓮の花）

1 次の「−아 / 어 있다：−ている、−てある」を用いて文章（丁寧語のぞんざい体）を完成させ、日本語訳しなさい。

① 친구가 역 앞에 ＿＿＿＿＿＿＿＿＿＿＿＿＿＿ (서다).

（友人が駅の前に<u>立っている</u>。）

② 벽에 그림이 ＿＿＿＿＿＿＿＿＿＿＿＿＿＿＿ (붙다).

（訳：＿＿＿＿＿＿＿＿＿＿＿＿＿＿＿＿＿＿＿＿＿＿ 。 ）

2 次の「−고：−て、−で」を用いて文章を完成させ、日本語訳しなさい。

① 식사를 ＿＿＿＿＿＿＿＿＿ (하다) 서점에 간다.

（食事を<u>して</u>書店に行く。）

② 동생은 학생＿＿＿＿＿＿＿＿＿ (이다) 나는 사회인이다.

（訳：＿＿＿＿＿＿＿＿＿＿＿＿＿＿＿＿＿＿＿＿＿＿ 。 ）

31

3 辞書を引きながら、次の文章を日本語訳しなさい。

한국 음식 중에는 죽의 종류가 많다. 죽은 유동식(流動食)이기 때문에 노인이나 어린이가 쉽게 먹을 수 있다.

　東アジア地域の人々は、そもそもは唯一の神ではなく、様々な神々を信じる多神教の文化圏を形成していました。韓国も例外ではなく、多神教の環境のもと外来宗教が伝来されたのです。今日の韓国社会にみる仏教、キリスト教（カトリック・プロテスタント）、そして「儒教の国」と言われるほど国民の意識に定着している儒教の教えも外国から流入されたものです。多神教の信仰や伝統によるものなのか、韓国を含む東アジア地域は他の地域と比べて宗教的価値観による衝突と摩擦が少なく、宗教や宗派による対立もない寛容の姿勢が強いです。

　韓国統計庁の「宗教活動参与人口」（2003 年）統計資料によると、韓国人の 15 歳以上の総人口における 53.9％が宗教をもっており、その宗教人口の中で 47％は仏教、38.8％はプロテスタント、13.7％はカトリック、0.7％が儒教です。ちなみに現在、韓国の総人口は約五千万人です。

　そこで、韓国が「儒教の国」と言われる割には、驚くほど儒教の宗教としての信奉者数が少ないこと、プロテスタントとカトリックを合わせたキリスト教信者が 52.5％で、仏教信者数を上回ることが目につきます。そして、韓国では世界 3 大宗教の中で、とりわけキリスト教や仏教に関わる、2 つのイエス誕生日（クリスマス：12 月 25 日）と釈迦誕生日（陰暦 4 月 8 日）が「休みの日（公休日）」として指定されている特徴もあります。

　仏教はコリア半島の三国時代に伝播されてから統一新羅時代や高麗時代（918 ～ 1392 年）を経て、煌びやかな仏教文化を花咲かせました。王朝が代わり、朝鮮時代（1392 ～ 1897 年）になると、いわゆる「崇儒抑仏」を掲げ、儒教を崇拝して仏教を抑圧する、つまり儒教を国家の統治理念にしたわけです。しかし、王室や婦女の間では、依然として仏教を信奉し、仏教の脈絡は絶えず受け継がれました。

　一方、キリスト教は、コリア半島にカトリックが伝わって 200 余年、そしてプロテスタントは 100 余年前になります。仏教や儒教より伝来の歴史の短いキリスト教が、今日の韓国で宗教人口の半数以上を占める理由は何でしょうか。

　それは儒教の「仁」と、キリスト教の「隣人愛」という両宗教の要の思想が通じ合う側面があり、儒教精神の強い韓国人にとってキリスト教は受け入れられやすいためだと考えます。つまり、孔子が「仁」とは「人を愛すること」（『論語』の「顔淵篇」）と述べていることから「仁」と「隣人愛」が通じているのは明らかです。

　しかし、儒教とキリスト教の間には根本的な相違が存在しており、それは祖先崇拝と唯一の神（イエス）の崇拝です。儒教では祖先崇拝をすることによって「祭祀（法事）」が重んじられ、代々に亘り祭祀を担っていく男子を産むのが女性の至上命題のような習慣も生まれました。今の韓国社会においても祭祀は重視されていますが、男子出産の執着心は和らいできています。一方、キリスト教は唯一の神だけを信じるため、祖先を祀る祭祀は偶像崇拝と見なされます。例えば、朝鮮時代のカトリック伝来過程で 4 回の大弾圧（迫害）が行われましたが、中でも「辛亥迫害」（1791 年）は死者の位牌を燃やして祭祀を行わなかったこと（唯一の神の尊重派）に対する朝鮮の支配者（祖先崇拝の重視派）による弾圧でした。当時、カトリックの教皇は大弾圧を真摯に重く受け止め、朝鮮だけでは祭祀を認めました。しかし、プロテスタントでは未だに祭祀は偶像崇拝と見なし、信者の家庭で祭祀は行いません。

　このように、今の韓国では原始時代以来の多神教に仏教、儒教、カトリック・プロテスタント、そして他の宗教も受け入れてきました。そこで儒教信者が「山神祭」を行ったり、キリスト教信者が儒教式の喪服を着たり、仏教信者が儒教の精神に基づく行動を取ったりするなど、各宗教には様々な融合が見られます。特に、儒教を宗教として信じる人はほんの僅かですが、生活規範的な要素が強い儒教の教えは宗教間の壁を超えて、現在の韓国人の日常生活に根強く残っています。

「宗教・風習にまつわる韓国文化の理解」（『Zephyr（ゼフィール・にしかぜ）』59 号、甲南大学国際言語文化センター、2014 年 12 月）

状態・羅列

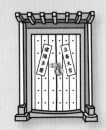

第26課　推測・義務

　　한일 간에는 상호 방문자가 제일 많다. 즉, 한국에는 일본인, 반대로 일본에는 한국인이 가장 많이 여행을 한다. 상호 방문은 서로의 문화에 영향을 주는 것 같다. 한일 간의 긴밀한 문화 교류를 통해 새로운 시대를 열어야 한다.

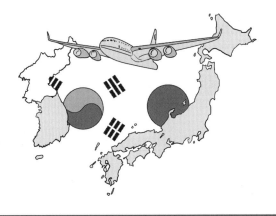

>> **本文の日本語訳**

　　韓日の間には相互訪問者が一番多い。すなわち、韓国には日本人、逆に日本には韓国人がもっともたくさん旅行をする。相互訪問は互いの文化に影響を与えるようだ。韓日の間の緊密な文化交流を通じて新たな時代を開かなければならない。

≫ 本文の発音

한일 → [하닐]

간에는 → [가네는]

많다 → [만타] 〈激音化〉

한국에는 → [한구게는]

일본인 → [일보닌]

일본에는 → [일보네는]

한국인이 → [한구기니]

많이 → 만이 → [마니]

방문은 → [방무는]

간의 → [가늬]・[가네]

열어야 → [여러야]

≫ 学習ポイント

－는 것 같다 : －ようだ（推測）

－아야 / 어야 하다 : －しなければならない、－しないといけない（義務）

홍지문（弘智門）

所在地：ソウル特別市 鐘路区 弘智洞 99-7
朝鮮時代の粛宗 41（1715）年に都城を防御するため築いた門
1976年、ソウル特別市の有形文化財に指定
＊ p7「ソウルの区地図」・p56「ソウルの城郭図」・p57「都城コラム」
　を併せて参照

1 次の「−는 것 같다 : −ようだ」を用いて文章（丁寧語のぞんざい体）を完成させ、日本語訳しなさい。

① 친구는 여행 계획을 ＿＿＿＿＿＿＿＿＿（ 세우다) 것 같다 .

（友人は旅行計画を<u>立てる / 立てている</u>ようだ。）

② 비가 ＿＿＿＿＿＿＿＿＿＿＿＿＿＿（ 내리다) 것 같다 .

（訳: ＿＿＿＿＿＿＿＿＿＿＿＿＿＿＿＿＿＿＿＿。 ）

2 次の「−아야 / 어야 하다 : −しなければならない、−しないといけない」を用い、韓国語の文章（丁寧語のぞんざい体）を書きなさい。

＿＿＿＿＿＿＿＿＿＿＿＿＿＿＿＿＿＿＿＿＿＿＿＿＿＿＿＿＿。

3 辞書を引きながら、次の文章を日本語訳しなさい。

지구는 우리가 생활하고 있는 공간이다 . 미래의 세대에게 깨끗한 지구 환경을 물려주고 싶다 .

◁ 双磎寺大雄殿

◁삼신산 쌍계사 일주문
（三神山 双磎寺 一柱門）

所在地：慶尚南道 河東郡 花開面 双磎寺キル 59
＊p49「韓国全図」を併せて参照

華厳寺覚皇殿 ▷

推測・義務

지리산 화엄사 일주문 ▷
（智異山 華厳寺 一柱門）

所在地：全羅南道 求礼郡 馬山面 華厳寺路 539
＊p49「韓国全図」を併せて参照

（表１）文体の種類

		丁寧語	尊敬語	−겠（未来・意志・推量・謙譲）
上称形	最敬体	用言語幹 + ㅂ니다 / 습니다 用言語幹 + ㅂ니까 / 습니까？	用言語幹 + 십니다 / 으십니다 用言語幹 + 십니까 / 으십니까？）	用言語幹 + 겠습니다 用言語幹 + 겠습니까？
	敬体	用言語幹 + 아요 / 어요 用言語幹 + 아요 / 어요 （?）	用言語幹 + 세요 / 으세요 用言語幹 + 세요 / 으세요 （?）	用言語幹 + 겠어요 用言語幹 + 겠어요 （?）
下称形	略待	用言語幹 + 아 / 어 用言語幹 + 아 / 어 （?）	用言語幹 + 셔 / 으셔 用言語幹 + 셔 / 으셔 （?）	用言語幹 + 겠어 用言語幹 + 겠어 （?）
	ぞんざい体	用言語幹 + ㄴ다 / 는다	用言語幹 + 신다 / 으신다	用言語幹 + 겠다

（表２）過去形の文体

		丁寧語	尊敬語	−겠（未来・意志・推量・謙譲）
上称形	最敬体	用言語幹 + （았 / 었） + 습니다 用言語幹 + （았 / 었） + 습니까？	用言語幹 + （셨 / 으셨） + 습니다 用言語幹 + （셨 / 으셨） + 습니까？	用言語幹+（았/었）+겠+습니다 用言語幹+（았/었）+겠+습니까？
	敬体	用言語幹 + （았 / 었） + 어요 用言語幹 + （았 / 었） + 어요 （?）	用言語幹 + （셨 / 으셨） + 어요 用言語幹 + （셨 / 으셨） + 어요 （?）	用言語幹+（았/었）+겠+어요 用言語幹+（았/었）+겠+어요（?）
下称形	略待	用言語幹 + （았 / 었） + 어 用言語幹 + （았 / 었） + 어 （?）	用言語幹 + （셨 / 으셨） + 어 用言語幹 + （셨 / 으셨） + 어 （?）	用言語幹+（았/었）+겠+어 用言語幹+（았/었）+겠+어（?）
	ぞんざい体	用言語幹 + （았 / 었） + 다	用言語幹 + （셨 / 으셨） + 다	用言語幹 + （았 / 었） + 겠 + 다

（表３）連体形一覧表

品詞	未来	現在	過去	回想・大過去
動詞	語幹 + ㄹ / 을 （−する）	語幹 + 는 （−する、 −している）	語幹 + ㄴ / 은 （−した）	語幹 + 던 + 았던 / 었던・ + 았었던 / 었었던 （−した、−していた）
形容詞	語幹 + ㄹ / 을 （−い、−な）	語幹 + ㄴ / 은 （−い、−な）	語幹 + 던 （−かった、−だった）	語幹 + 았던 / 었던・ + 았었던 / 었었던 （−かった、−だった）
指定詞 −이다	語幹 + ㄹ → −일 （−である）	語幹 + ㄴ → −인 （−である）	語幹 + 던 → −이던 （−であった）	語幹 + 었던：−이었었던（였던）・ + 었었던：−이었었던（였었던） （−であった）
存在詞 있다	語幹 + 을 있을 （ある / いる）	語幹 + 는 있는 （ある / いる）	語幹 + 은 있은 （あった / いた）	語幹 + 던：있던 + 었던：있었던・ + 었었던：있었었던 （あった、いた）

（表４）用言活用表

区分	基本形	丁寧語 最敬体・現在 ㅂ니다 / 습니다 （ーです、ます）	丁寧語 最敬体・過去 았습니다 / 었습니다 （ーでした、ました）	丁寧語 敬体・現在 아요 / 어요 ーです、ます	丁寧語 敬体・過去 았어요 / 었어요 ーでした、ました
母音 語幹	가다 （行く） 가르치다 （教える）	갑니다 （行きます） 가르칩니다 （教えます）	갔습니다 （行きました） 가르쳤습니다 （教えました）	가요 （行きます） 가르쳐요 （教えます）	갔어요 （行きました） 가르쳤어요 （教えました）
子音 語幹	받다 （受ける） 먹다 （食べる）	받습니다 （受けます） 먹습니다 （食べます）	받았습니다 （受けました） 먹었습니다 （食べました）	받아요 （受けます） 먹어요 （食べます）	받았어요 （受けました） 먹었어요 （食べました）
ㄷ変則	걷다 （歩く） 묻다 （尋ねる）	걷습니다 （歩きます） 묻습니다 （尋ねます）	걸었습니다 （歩きました） 물었습니다 （尋ねました）	걸어요 （歩きます） 물어요 （尋ねます）	걸었어요 （歩きました） 물었어요 （尋ねました）
ㄹ変則	살다 （住む） 멀다 （遠い）	삽니다 （住みます） 멉니다 （遠いです）	살았습니다 （住みました） 멀었습니다 （遠かったです）	살아요 （住みます） 멀어요 （遠いです）	살았어요 （住みました） 멀었어요 （遠かったです）
ㅂ変則	눕다 （横になる） 맵다 （辛い） 곱다 （美しい）	눕습니다 （横になります） 맵습니다 （辛いです） 곱습니다 （美しいです）	누웠습니다 （横になりました） 매웠습니다 （辛かったです） 고왔습니다 （美しかったです）	누워요 （横になります） 매워요 （辛いです） 고와요 （美しいです）	누웠어요 （横になりました） 매웠어요 （辛かったです） 고왔어요 （美しかったです）
ㅅ変則	짓다 （建てる）	짓습니다 （建てます）	지었습니다 （建てました）	지어요 （建てます）	지었어요 （建てました）
ㅎ変則	노랗다 （黄色い） 그렇다 （そうだ）	노랗습니다 （黄色いです） 그렇습니다 （そうです）	노랬습니다 （黄色かったです） 그랬습니다 （そうでした）	노래요 （黄色いです） 그래요 （そうです）	노랬어요 （黄色かったです） 그랬어요 （そうでした）
러変則	이르다 （至る） 푸르다 （青い）	이릅니다 （至ります） 푸릅니다 （青いです）	이르렀습니다 （至りました） 푸르렀습니다 （青かったです）	이르러요 （至ります） 푸르러요 （青いです）	이르렀어요 （至りました） 푸르렀어요 （青かったです）
르変則	모르다 （知らない） 빠르다 （早い）	모릅니다 （知りません） 빠릅니다 （早いです）	몰랐습니다 （知りませんでした） 빨랐습니다 （早かったです）	몰라요 （知りません） 빨라요 （早いです）	몰랐어요 （知りませんでした） 빨랐어요 （早かったです）

어変則	그러다	그럽니다	그랬습니다	그래요	그랬어요
	(そうだ、	(そうです)	(そうでした)	(そうです)	(そうでした)
우変則	푸다	품니다	펐습니다	퍼요	펐어요
	(汲む)	(汲みます)	(汲みました)	(汲みます)	(汲みました)
으変則	쓰다	씁니다	썼습니다	써요	썼어요
	(書く)	(書きます)	(書きました)	(書きます)	(書きました)
	아프다	아픕니다	아팠습니다	아파요	아팠어요
	(痛い)	(痛いです)	(痛かったです)	(痛いです)	(痛かったです)

（表5）変則活用用言

種類	変則内容
ㄷ変則	語幹がパッチム「ㄷ」で終わる動詞の一部は、母音で始まる語尾や補助語幹が付くとき、パッチム「ㄷ」が「ㄹ」に変わる。 （例）듣다（聞く）、싣다（乗せる）、묻다（尋ねる）、걷다（歩く）、 　긷다（汲む）、깨닫다（悟る）、붇다（ふやける）、일컫다（称する） ・　－아요／어요（丁寧語・敬体）：듣＋어요→들어요（聞きます） ・　－아／어（連用形）：듣＋어→들어（聞いて） ※正則活用：받다（受け取る）、묻다（埋める）、얻다（得る）、닫다（締める）、돋다（昇る）、믿다（信じる）、굳다（固まる） （参考）듣다（聞く）→들어요（聞きます） 　＊듣다（持ち上げる）→들어요（持ち上げます） 　걷다（歩く）→걸어요（歩きます） 　＊걸다（かける）→걸어요（かけます） ※パッチム「ㄷ」で終わる形容詞は、全て正則活用
ㄹ変則	語幹がパッチム「ㄹ」で終わる用言は全て、以下のような活用をするとき、パッチム「ㄹ」が脱落する。 （例）動詞：만들다（作る）、걸다（掛ける）、놀다（遊ぶ）、들다（持つ）、날다（飛ぶ）、물다（嚙む）、살다（住む）、알다（知る）、열다（開ける）、울다（泣く）、팔다（売る） 　　形容詞：길다（長い）、멀다（遠い） ○「ㄴ、ㅅ、ㅂ」で始まる語尾が付くとき ・　－ㅂ니다／습니다（丁寧語・最敬体）： 　만들＋ㅂ니다／습니다→만들＋ㅂ니다→만듭니다（作ります） 　길＋ㅂ니다／습니다→길＋ㅂ니다→깁니다（長いです） ・　－십니다／으십니다（尊敬語・最敬体）： 　만들＋십니다／으십니다→만들＋십니다→만드십니다（お作りになります） 　길＋십니다／으십니다→길＋십니다→기십니다（＊＊＊） ・　－세요／으세요（尊敬語・敬体）： 　만들＋세요／으세요→만들＋세요→만드세요（作ってください、お作りになります） 　길＋세요／으세요→길＋세요→기세요（＊＊＊） ・　－ㄴ다／는다（丁寧語・ぞんざい体）： 　만들＋ㄴ다／는다→만들＋ㄴ다→만든다（作る） ・　－는（動詞・現在連体形）：만들＋는→만드는（作る－）

	・ーㄴ / 은（形容詞・現在連体形）：길 + ㄴ / 은→길 + ㄴ→긴（長いー）
	・ーㄴ / 은（動詞・過去連体形）：만들 + ㄴ / 은→만들 + ㄴ→만든（作ったー）
	○ 終声（バッチム）「ㄹ」で始まる語尾が付くとき
	・ーㄹ / 을까요：
	만들 + ㄹ / 을까요→만들 + ㄹ까요→만들까요？（作りましょうか）
	길 + ㄹ / 을까요→길 + ㄹ까요→길까요？（長いでしょうか）
	※ 陰陽語尾・語幹（아 / 어、아요 / 어요、았 / 었）に付く場合は正則活用する。
	・ー아요 / 어요（丁寧語・）：만들 + 어요→만들어요（作ります）
ㅂ変則	語幹がバッチム「ㅂ」で終わる用言（形容詞はほとんど、動詞は一部）は、母音で始まる語尾や補助語幹などが付くとき、バッチム「ㅂ」が脱落し、「우」が付く。
	（例）　動詞：굽다（焼く）、눕다（横たわる）、줍다（拾う）、깁다（繕う）
	形容詞：춥다（寒い）、덥다（暑い）、맵다（辛い）、반갑다（嬉しい）、
	어렵다（難しい）、즐겁다（楽しい）、- 답다、- 롭다、- 스럽다
	・ーア요 / 어요（丁寧語・敬体）：
	굽 + 어요→（「ㅂ」脱落 +「우」）→구우 + 어요→구워요（焼きます）
	맵 + 어요→（「ㅂ」脱落 +「우」）→매우 + 어요→매워요（辛いです）
	※ 곱다（きれいだ）、돕다（手伝う）の2語は陰陽語尾・語幹が付くとき、「ㅂ」が脱落した後、（「우」ではなくて）「오」が付く。
	곱다（きれいだ）：곱 + 아요 →고 + 오 + 아요→고 + 와요→고와요（きれいです）
	돕다（助ける）：돕 + 아요 →도 + 오 + 아요→도 + 와요→도와요（手伝います）
	※ 正則活用：굽다（曲がっている）、뽑다（抜く）、씹다（かむ）、잡다（つかむ）、접다（おりたたむ）、
	業다（背負う）、입다（着る）、좁다（狭い）
	※ 例外的な「ㅂ」活用
	・ーㄴ / 은（動詞・過去連体形）：
	뵙다→뵙 + ㄴ / 은→뵙 + ㄴ→뵌 -（おめにかかった）
	만나뵙다→만나뵙 + ㄴ / 은→만나뵙 + ㄴ→만나뵌ー（お目にかかった）
	・ー아 / 어（連用形）：여쭙다→여쭙 + 아 / 어→여쭙 + 어→여쭤ー（うかがう）
ㅅ変則	語幹がバッチム「ㅅ」で終わる用言の一部は、母音で始まる語尾や補助語幹などが付くとき、バッチム「ㅅ」が脱落する。
	（例）　잇다（つなぐ）、긋다（引く）、붓다（注ぐ）、젓다（まぜる）、짓다（建てる）、낫다（治る）
	・ーア요 / 어요（丁寧語・敬体）：잇 + 어요→이어요（つなぎます）
	＊ 母音の縮約は起こらない
	※ 形容詞：낫다（より良い）のみ
	※ 正則活用：벗다（脱ぐ）、빼앗다（奪う）、솟다（そびえる）、씻다（洗う）、웃다（笑う）
ㅎ変則	語幹がバッチム「ㅎ」で終わる形容詞のほとんどは、母音で始まる語尾や補助語幹などが付くとき、変則的な活用をする。
	（例）　그렇다（そうだ）、어떻다（どうだ）、이렇다（このようだ）、
	말갛다（澄んだ）、하얗다（白い）、노랗다（黄色い）、빨갛다（赤い）、파랗다（青い）、까맣다（黒い）
	○ バッチム「ㅎ」が脱落するパターン
	・ーㄴ / 은（形容詞・現在連体形）：파랗 + ㄴ / 은→파랗 + ㄴ→파란 -（青い）
	・ー십니까 / 으십니까（尊敬語・最敬体・疑問）：
	그렇 + 십니까 / 으십니까→그렇 + 십니까→그러십니까（そうでいらっしゃいますか）

	・ −면 / 으면：노랗 + 면 / 으면→노랗 + 면→노라면 （黄色ければ）
	・ −ㄹ / 을 때：어떻 + ㄹ / 을때→어떻 + ㄹ때→어떨 때 （どんな時）
	○ バッチム「ㅎ」+ 陰陽語尾・語幹→「ㅎ」脱落し、母音が「ㅐ」や「애」に変わるパターン
	・ −았어요 / 었어요 （丁寧語・敬体・過去形）：
	저렇 + 었어요→저러 + 었어요→저랬→저랬어요 （あの通りでした）
	・ −아요 / 어요 （丁寧語・敬体）：
	그렇 + 어요→그러 + 어요→그래요 （そうです）
	빨갛 + 아요→빨가 + 아요→빨개요 （赤いです）
	＊ 하얗 + 아요→하야 + 아요→하얘요 （白いです）
	※ 動詞の全てと形容詞「좋다」（良い）は正則活用
러変則	語幹が「르」で終わる以下の４語と、その合成語は、陰陽語尾・語幹がつくとき、語幹「르」の後に「러」がくっつく。 （例） 노르다 （黄色い）、누르다 （黄色い）、푸르다 （青い）、이르다 （至る） ・ −아요 / 어요 （丁寧語・敬体）： 노르 + 러 + 어요→노르러요 （黄色いです） 누르 + 러 + 어요→누르러요 （黄色いです） 푸르 + 러 + 어요→푸르러요 （青いです） 이르 + 러 + 어요→이르러요 （至ります）
르変則	語幹が「르」で終わる用言のほとんどは、陰陽語尾・語幹が付くとき、まず語幹「르」が脱落し、その一つ前の音節の母音が陽母音であれば「ㄹ라」、陰母音であれば「ㄹ러」がつく。 （例） 모르다 （知らない）、흐르다 （流れる）、부르다 （呼ぶ）、오르다 （上がる）、기르다 （飼う）、 　　　자르다 （切る）、누르다 （押す）、다르다 （異なる）、이르다 （早い）、빠르다 （速い） ・ −아요 / 어요 （丁寧語・敬体）： 모르 + 아요 / 어요→모 + ㄹ라→몰라→몰라 + 아요→몰라요 （知らないです） 흐르 + 아요 / 어요→흐르 + ㄹ러→흘러→흘러 + 어요→흘러요 （流れます） ・ −았어요 / 었어요 （丁寧語・敬体・過去形）： 모르 + 았어요/었어요→모 + ㄹ라 + 았→몰라 + 았→몰랐 + 어요→몰랐어요（知りませんでした） 흐르 + 았어요 / 었어요→흐 + ㄹ러 + 었→흘러 + 었→흘렀 + 어요→흘렀어요 （流れました）
어変則	語幹の母音が「ㅓ」で終わる一部の用言は、「어」で始まる語尾や補助語幹が付くとき、語幹の母音が「ㅐ」に変わる。 （例） 이러다 （このようだ）、그러다 （そのようだ）、저러다 （あのようだ）、어쩌다 （どのようだ） ・ −아서 / 어서： 이러 + 어서→이래서 （このようにして） 그러 + 어서→그래서 （それで） 저러 + 어서→저래서 （あんな状態だから） 어쩌 + 어서→어째서 （どうして）
우変則	「어」で始まる語尾や補助語幹が付くとき、語幹末の「ㅜ」が「ㅓ」に変わる。 （例） 푸다 （〈水を〉汲む、すくいとる） のみ ・ −어요 （丁寧語・敬体）：물을 푸 + 어요→물을 퍼요 （水を汲みます） ・ −었어요 （丁寧語・敬体・過去）：푸 + 었어요→펐어요 （汲みました）
으変則	語幹が母音「으」で終わる用言（全部）は、陰陽語尾・語幹が付くとき、語幹の母音「으」が脱落し、その一つ前の音節の母音が、陽母音か陰母音かで接続する語尾、語幹が変わる。（※語幹が一音節のと

きは、陰母音語幹とみなし、「어 / 어요 / 었」をつける)

（例）動詞：쓰다（書く、使う）、모으다（集める）、뜨다（浮く）

形容詞：바쁘다（忙しい）、나쁘다（悪い）、고프다（空腹だ）、아프다（痛い）、크다（大きい）、슬프다（悲しい）、예쁘다（可愛い）、기쁘다（嬉しい）

・ ー아요 / 어요（丁寧語・敬体）：

쓰 + 아요 / 어요→쓰 + 어요→써요（書きます）

바쁘 + 아요 / 어요→바쁘 + 아요→바빠요（忙しいです）

6 じゃじゃ麺コラム

　韓国社会では、中国料理は「中華料理（중화요리）」、あるいは「清料理（청요리）」と言われます。この中華料理が韓国に流入するようになるのは、近代民国民家成立期に中国（清）から韓国（朝鮮）に移り住んだ中国人によります。当時、朝鮮の開港場である仁川（인천）にほど近い海の対岸の山東半島からやってきた中国人が中華料理店を始めました。そのため仁川は韓国社会における中華料理の発祥地で中華街が形成されています。

　今の中華料理店は韓国社会の津々浦々にまで進出をしており、中華料理は韓国料理と同じレベルで食べることができるため、韓国人にとっては外国料理という認識が薄く手軽に食べられるというイメージ（Image）も定着しています。しかも中華料理の中で「ジャジャン麺（짜장면）」は面白い裏話が成立しているくらいです。と言いますのは、男女が合コンをし、男性が初対面の女性に「ジャジャン麺を食べに行きましょう」という言葉を発すると、「もうこれ以上は付き合わないので帰ってください」という意味になります。

　男性が優しく女性を食事に誘ったのに、なぜもう付き合わないという意味合いになるのでしょうか。それはジャジャン麺の特徴と女性の一般的情緒の間に相反する側面が存在しているためです。ジャジャン麺は、麺の上に黒い具入りのたれ（ソース）を乗せ、これらをかけ混ぜて食べます。黒いたれは、黒い甜面醤で作っています。一般的に女性は唇に口紅を塗ったりし口元を気にしており、口元を黒く汚しながら、しかも初対面の男性の前で食べられる女性はほとんどいないので「帰ってください」という意味になるのです。面白いことに韓国ならではの記念日、つまりバレンタインデー（Valentine Day）とホワイトデー（White Day）にチョコレート（Chocolate）をもらっていない男女が集う4月14日のブラックデー（Black Day）には、その対象の男女が中華料理店に集まり、黙々と食べる料理としてもジャジャン麺は有名です。

　ちなみに、韓国社会での中華料理店は料理の「配達」、つまり「出前」の文化を始めて根付かせたのです。自宅や職場はもとより、大げさに言えば登山先の山の頂上、あるいは釣場の海辺にまで中華料理を出前してくれます。今日の韓国社会では中華料理に限らず、ほとんどの分野にまで「配達文化（出前文化）」が発達しています。

　ところで、ジャジャン麺が中華料理だと言っても中国の食材だけではありません。副菜としてキムチ（김치）、たくわん、玉ねぎ、そして甜面醤が出されます。キムチは韓国、たくわんは日本の漬物、そして甜面醤は中国の味噌なので日中韓の食が融合しています。そのたくわんと玉ねぎには、酢をかけ甜面醤に付けて食べます。

　このように、韓国社会における中華料理は手軽に食べられることに加えて、副菜のキムチ、韓国人の嗜好に合わせた味付け、さらにはインスタント（Instant）のジャジャン麺とちゃんぽんまで製品化されているため、外国料理という認識が薄くなっているかも知れません。

「韓国社会にみる外国料理」（『Zephyr（ゼフィール・にしかぜ）』70号、甲南大学国際言語文化センター、2018年7月）より抜粋

第6課

1. （1）규슈

   （2）시코쿠

   （3）롯폰기

   （4）난바

   （5）긴카쿠지

   （6）도다이지

2. 간코쿠고오 벤쿄시테 간코쿠노 도모타치오 쓰쿠리 , 세카이오 히로게테 구다사이.

3. （1）계획 （ 計画 ）

   （2）능력 （ 能力 ）

   （3）복습 （ 復習 ）

   （4）생활 （ 生活 ）

   （5）영화 （ 映画 ）

   （6）환영 （ 歓迎 ）

   （7）끓다 （ 沸く ）

   （8）옮기다 （ 移す ）

4. 僕は✓学校で✓韓国語を✓学ぶ。

   나는✓ 학교에서 ✓ 한국어를 ✓ 배운다.

第7課

1.

基本形	丁寧語の最敬体(1・2・3人称)	丁寧語の最敬体の疑問形(2・3人称)	ぞんざい体(1・2・3人称)
가다 (行く)	갑니다 (行きます)	갑니까？ (行きますか)	간다 (行く)
되다 (なる)	됩니다 (なります)	됩니까？ (なりますか)	된다 (なる)
믿다 (信じる)	믿습니다 (信じます)	믿습니까？ (信じますか)	믿는다 (信じる)
웃다 (笑う)	웃습니다 (笑います)	웃습니까？ (笑いますか)	웃는다 (笑う)
싸다 (安い)	쌉니다 (安いです)	쌉니까？ (安いですか)	싸다 (安い)
쉽다 (易しい)	쉽습니다 (易しいです)	쉽습니까？ (易しいですか)	쉽다 (易しい)

2．① 대학이 아닙니다 . （大学ではありません。）

　　② 저는 다나카가 아닙니다 . （私は田中ではありません。）

3．① （訳：これは家の住所です。）

　　② （訳：あの人はバスケットボール選手ではありません。）

第8課

1．① 역 앞에 공원이 없습니다 .

　　　（訳：駅の前に公園はありません）

　　② 저기에 병원이 없습니다 .

　　　（訳：あそこに病院はありません）

2．① （訳：図書館の前に自動車があります）

　　② （訳：食堂の横には駐車場がありません）

3．① 은

　　② 는

　　③ 과

　　④ 와

　　⑤ 에는

　　⑥ 에

第9課

1．

基本形	謙譲語の最敬体 （1人称：控え目な気持ち）	謙譲語の最敬体の疑問形 （2人称：未来・意志）	謙譲語のぞんざい体 （1・2・3人称：未来・意志）
타다 （乗る）	타겠습니다 （乗らせて頂きます）	타겠습니까 ? （乗りますか）	타겠다 （乗る）
모으다 （集める）	모으겠습니다 （集めさせて頂きます）	모으겠습니까 ? （集めるつもりですか）	모으겠다 （集めるつもりだ）
지내다 （過ごす）	지내겠습니다 （過ごさせて頂きます）	지내겠습니까 ? （過ごしますか）	지내겠다 （過ごす）
받다 （もらう）	받겠습니다 （頂きます）	받겠습니까 ? （頂きますか）	받겠다 （頂く）
끝내다 （終える）	끝내겠습니다 （終えさせて頂きます）	끝내겠습니까 ? （終えますか）	끝내겠다 （終えるつもりだ）
참다 （耐える）	참겠습니다 （耐えさせて頂きます）	참겠습니까 ? （耐えますか）	참겠다 （耐える）

2. ① 보겠습니다

　② 쉬겠습니다

3. ① 하겠습니다

　　事務室の整理は私が致します。

　② 타겠습니다

　　私はタクシーに乗らせていただきます。

第10課

1.

基本形	尊敬語の最敬体(2・3人称)	尊敬語の最敬体の疑問形(2・3人称)	ぞんざい体(2・3人称)
나누다 (分ける)	나누십니다 (お分けになります)	나누십니까? (お分けになりますか)	나누신다 (お分けになる)
쉬다 (休む)	쉬십니다 (お休みになります)	쉬십니까? (お休みになりますか)	쉬신다 (お休みになる)
외우다 (覚える)	외우십니다 (お覚えになります)	외우십니까? (お覚えになりますか)	외우시다 (お覚えになる)
갚다 (返す)	갚으십니다 (返されます)	갚으십니까? (返されますか)	갚으신다 (返される)
넣다 (入れる)	넣으십니다 (入れられます)	넣으십니까? (入れられますか)	넣으신다 (入れられる)
심다 (植える)	심으십니다 (植えられます)	심으십니까? (植えられますか)	심으신다 (植えられる)

2. ① 읽으십니다

　② 하십니다

3. ① 입으십니다

　　父は服を着られます。

　② 가십니다

　　社長は日本に行かれます。

第11課

1.

基本形	丁寧語の敬体 （1・2・3人称）	丁寧語の敬体の疑問形 （2・3人称）	ぞんざい体 （1・2・3人称）
고치다 （直す）	고쳐요 （直します）	고쳐요? （直しますか）	고친다 （直す）
매다 （縛る）	매요 （縛ります）	매요? （縛りますか）	맨다 （縛る）
세우다 （建てる）	세워요 （建てます）	세워요? （建てますか）	세운다 （建てる）
만나다 （会う）	만나요 （会います）	만나요? （会いますか）	만난다 （会う）
신다 （履く）	신어요 （履きます）	신어요? （履きますか）	신는다 （履く）
젖다 （濡れる）	젖어요 （濡れます）	젖어요? （濡れますか）	젖는다 （濡れる）

2.

基本形	丁寧語の敬体 （1・2・3人称）	丁寧語の敬体の疑問形 （2・3人称）	ぞんざい体 （1・2・3人称）
하다 （する）	해요 하여요 （します）	해요? 하여요? （しますか）	한다 （する）
되다 （なる）	돼요 되어요 （なります）	돼요? 되어요? （なりますか）	된다 （なる）
이다 （だ・である）	子音体言：이에요 母音体言：예요 （です）	子音体言：이에요? 母音体言：예요? （ですか）	子音体言：이다 母音体言：다 （だ・である）

3. ① 있어요

   ② 놀아요

4. ① 봐요

   弟と野球をみます。

   ② 가르쳐요

   僕は塾で韓国語を教えます。

第12課

1.

1 (일)	2 (이)	3 (삼)	4 (사)	5 (오)	6 (육)	7 (칠)	8 (팔)	9 (구)	10 (십)

2.

100：百 (백)	1,000：千 (천)	10,000：万 (만)	億 (억)	兆 (조)	0：零 (영 / 공)

3. ① 천구백육십일년 오월 십육일

   ② 칠백 삼십일 국의 육천 구백 이십팔

4. ① 십일층

   事務室はあの建物の 11 階にあります。

   ② 오만 삼천원

   この帽子は 53,000 ウォンです。

第13課

1.

1 하나 <u>(한)</u>	2 둘 <u>(두)</u>	3 셋 <u>(세)</u>	4 넷 <u>(네)</u>	5 다섯	6 여섯	7 일곱	8 여덟	9 아홉	10 열

2.

20 스물 <u>(스무)</u>	30 서른	40 마흔	50 쉰	60 예순	70 일흔	80 여든	90 아흔	100 백

3. ① 세시 이십팔분

   ② 다섯 송이

4. ① 두 권

   ノート 2 冊が必要です。

   ② 스물다섯 명

   体育館には学生が 25 名います。

第14課

1. ① 하신다

   ② 받으신다

2. ① 읽으면서

   ② 보면서

3. ① 한다

   僕はパン屋でアルバイトをする。

   ② 찍는다

   庭園で写真を撮る。

第15課

1.

基本形	最敬体の過去形	敬体の過去形	ぞんざい体の過去形
달리다 (走る)	달렸습니다 (走りました)	달렸어요 (走りました)	달렸다 (走った)
생각나다 (思い出す)	생각났습니다 (思い出しました)	생각났어요 (思い出しました)	생각났다 (思い出した)
켜다 (つける)	켰습니다 (つけました)	켰어요 (つけました)	켰다 (つけた)
울다 (泣く)	울었습니다 (泣きました)	울었어요 (泣きました)	울었다 (泣いた)
앉다 (座る)	앉았습니다 (座りました)	앉았어요 (座りました)	앉았다 (座った)
있다 (いる・ある)	있습니다 (いました・ありました)	있어요 (いました・ありました)	있다 (いた・あった)

2.

基本形	最敬体の過去形	敬体の過去形	ぞんざい体の過去形
하다 (する)	했습니다 하였습니다 (しました)	했어요 하였어요 (しました)	했다 하였다 (した)
되다 (なる)	되었습니다 됐습니다 (なりました)	되었어요 됐어요 (なりました)	되었다 됐다 (なった)
이다 (だ・である)	子音体言：이었습니다 母音体言：였습니다 (でした)	子音体言：이었어요 母音体言：였어요 (でした)	子音体言：이었다 母音体言：였다 (だった・であった)

3. ① 먹었다.

　　② 보냈다.

4. ① 탔다.

　　学校の前でバスに乗った。

　　② 찍었다.

　　公園で写真を撮った。

第 16 課

1.

基本形	前置否定（最敬体・ぞんざい体）		後置否定（最敬体・ぞんざい体）	
두다 (置く)	안 둡니다 (置きません)	안 둔다 (置かない)	두지 않습니다 (置きません)	두지 않는다 (置かない)
만지다 (触る)	안 만집니다 (触りません)	안 만진다 (触れない)	만지지 않습니다 (触りません)	만지지 않는다 (触れない)
섞다 (混ぜる)	안 섞습니다 (混ぜません)	안 섞는다 (混ぜない)	섞지 않습니다 (混ぜません)	섞지 않는다 (混ぜない)
식사하다 (食事する)	식사 안 합니다 (食事しません)	식사 안 한다 (食事しない)	식사하지 않습니다 (食事しません)	식사하지 않는다 (食事しない)

2.

基本形	可能（最敬体・ぞんざい体）		不可能（最敬体・ぞんざい体）	
뛰다 （跳ぶ）	뛸 수 있습니다 （跳ぶことができます）	뛸 수 있다 （跳ぶことができる）	뛸 수 없습니다 （跳ぶことができません）	뛸 수 없다 （跳ぶことができない）
지우다 （消す）	지울수 있습니다 （消すことができます）	지울 수 있다 （消すことができる）	지울 수 없습니다 （消すことができません）	지울 수 없다 （消すことができない）
찾다 （探す）	찾을 수 있습니다 （探すことができます）	찾을 수 있다 （探すことができる）	찾을 수 없습니다 （探すことができません）	찾을 수 없다 （探すことができない）
생각하다 （考える）	생각할 수 있습니다 （考えることができます）	생각할 수 있다 （考えることができる）	생각할 수 없습니다 （考えることができません）	생각할 수 없다 （考えることができない）

3.　① 안 간다

　　② 보지 않는다

4.　① 마칠 수 있다

　　宿題を月曜日までに終えることができる。

　　② 먹을 수 없다

　　僕は魚料理を食べることができない。

第17課

1.

品詞	動詞	形容詞	指定詞	存在詞
日本語	明日食べるパン	明るい昼の時間	社会人である時	事務室にいる時
韓国語	내일 먹을 (먹다) 빵	밝은 (밝다) 낮시간	사회인일 (이다) 때	사무실에 있을 (있다) 때

2.　① 만날

　　② 갈

3.　① 올

　　誕生日パーティーにくる人が多い。

　　② 마실

　　遠足の時飲む水を買う。

第18課

1.

品詞	動詞	形容詞	指定詞	存在詞
日本語	<u>寝る</u>空間	<u>狭い</u>居間	中学生<u>である</u>人	運動場<u>にいる</u>選手
韓国語	<u>자는</u> (자다) 공간	<u>좁은</u> (좁다) 거실	중학생<u>인</u> (이다) 사람	운동장에 <u>있는</u> (있다) 선수

2. ① 마시는

   ② 좁는

3. ① 가는

   観光地に行く道が自動車で混む。

   ② 걷는

   朝、歩く習慣は体に良い。

第19課

1.

品詞	動詞	形容詞	指定詞	存在詞
日本語	昨日<u>買った</u>プレゼント	湖が<u>広かった</u>公園	公務員<u>であった</u>時	ホテル<u>にいた</u>外国人
韓国語	어제 <u>받은</u> (받다) 선물	호수가 <u>넓던</u> (넓다) 공원	공무원<u>이던</u> (이다) 때	호텔에 <u>있은</u> (있다) 외국인

2. ① 산

   ② 입은

3. ① 가져온

   ② 찾은

   数日前に探した本の内容が記憶に残る。

4. ① 한 적이 있다.

   ② 읽은 적이 있다.

   その新聞記事は読んだことがある。

第20課

1. ① 살던

   ② 학습했던 / 학습했었던

2. ① 가려고 한다

   ② 배우고 있다

3．外国で暮らしていたことは貴重な経験である。外国での生活は言語だけではなく直接相手の文化まで学ぶことができるからだ。

第21課

1．① 김치 냉장고라고 한다.

　② 한복이라고 한다.

　　あの服は韓服という。

2．① 외우기 쉽다.

　② 이용하기 쉽다.

　　ソウルの地下鉄は利用しやすい。

3．言語の勉強は毎日少しずつこつこつと反復することが重要である。また学習した内容を復習すればもっと実力を伸ばすことができる。

第22課

1．① 밝아서

　② 먹어서

　　アイスクリームをたくさん食べたのでお腹が痛い。

2．① 떠들면 안 된다.

　② 사용하면 안 된다.

　　図書館では携帯電話で通話をしたらいけない。

3．韓国社会では概ね目上の人の前では煙草を吸わない。目上の人の前で煙草を吸うと失礼になる。

第23課

1．① 내리면

　② 가면

　　旅行に行くとその地方の料理を食べる。

2．韓国へ旅行に行く理由は、美味しい料理を食べることができるからだという。

3．韓国では誕生日にワカメスープを飲む風習がある。一方、試験を控えるとワカメスープは飲まない。

第24課

1．① 읽을 때

　② 갈 때

　　学校に行くとき自転車に乗る。

2．①자기 전에

　②먹기 전에

　　ご飯を食べる前に手を洗う。

3．韓国人の食卓にはいつもキムチが上がる。したがって、韓国料理は辛いと考えやすいが、韓国料理は辛くないものが多い。

第25課

1．①서 있다.

　②붙어 있다.

　　壁に絵が貼ってある。

2．①하고

　②이고

　　弟は学生で僕は社会人である。

3．韓国料理の中には粥の種類が多い。粥は流動食であるため老人や子供が簡単に食べられる。

第26課

1．①세우는 것 같다.

　②내리는 것 같다.

　　雨が降る（降っている）ようだ。

2．〈省略〉

3．地球はわれわれが生活している空間である。未来の世代に綺麗な地球環境を譲ってあげたい。

著　者

金　泰虎
　　韓国に生まれる
　　大阪市立大学大学院文学研究科後期博士課程修了
　　文学博士
　　現在、甲南大学全学共通教育センター教授
　　著書『韓国語教育の理論と実際』（白帝社）
　　　　『新版 韓国理解への鍵』基礎韓国語〈会話〉（白帝社）

＊

表紙デザイン
唐　涛

新版 韓国理解への扉　— 読解（読む・書く）中心の基礎韓国語 —

2012 年 4 月 25 日　初版発行
2024 年 3 月 25 日　新版第 1 刷発行

著　者　金　泰虎
発行者　佐藤和幸
発行所　白 帝 社
　　　　〒 171-0014　東京都豊島区池袋 2-65-1
　　　　電話　03-3986-3271　FAX　03-3986-3272
　　　　https://www.hakuteisha.co.jp/
組版・イラスト　柳葉コーポレーション　　　印刷・製本　ティーケー出版印刷

Printed in Japan〈検印省略〉6914　　　　　　ISBN978-4-86398-575-9
＊定価は表紙に表示してあります。